L’enfance

L’enfance

Jean-Jacques Rousseau *Émile. Livres I et II*

Hans Christian Andersen *Contes*

Wole Soyinka *Aké les années d’enfance*

Nicolas Cremona

DUNOD

Maquette intérieure : Raphaël Lefeuvre
Mise en page : Belle Page

11 rue Paul Bert, 92240 Malakoff
www.dunod.com
ISBN 978-2-10-082394-9

Sommaire

Avant-propos

Cet ouvrage s'adresse à tous les lecteurs de sept à soixante-dix-sept ans mais plus spécifiquement aux ex-enfants qui préparent les concours scientifiques. Il est conçu pour vous aider à vous familiariser, vous tous, petits et grands, avec les trois œuvres et le thème au programme à travers une vingtaine de fiches synthétiques. Il se présente en trois grandes parties.

La première comprend sept fiches de présentation des œuvres et vous permettra d'avoir les informations essentielles pour bien lire et comprendre chaque œuvre : une fiche est consacrée au contexte sociohistorique et culturel et à la biographie de chaque auteur, une autre résume les œuvres, une dernière s'attache à dégager la structure de chaque œuvre et à analyser les principaux personnages quand l'œuvre s'y prête. À la fin de ce premier ensemble, vous aurez ainsi une vision panoramique des trois œuvres, une première approche que vous pourrez compléter ultérieurement.

La deuxième (des fiches 8 à 18) propose un examen de onze thèmes communs aux trois œuvres : vous pourrez ainsi les comparer entre elles et voir les points majeurs de convergence ou de divergence entre les trois textes. Cette partie est capitale pour préparer les exercices de dissertation qui reposent toujours sur une mise en parallèle des œuvres.

Enfin, la dernière partie (fiches 19 à 22) expose des conseils méthodologiques mais aussi deux sujets de dissertation : à partir de l'analyse du sujet et des plans détaillés proposés, vous pourrez voir comment traiter des sujets en comparant les œuvres entre elles, sans gommer leurs divergences.

Ces fiches peuvent se lire de manière indépendante et se recoupent entre elles. Nous avons choisi d'intégrer les principales citations en rapport avec le thème, pour vous familiariser le plus possible avec les œuvres.

Une fiche récapitule aussi les citations les plus importantes tirées des trois œuvres, ce qui peut être très utile pour balayer rapidement les trois œuvres avant des devoirs ou les épreuves écrites des concours.

Bien sûr, cet ouvrage ne prétend absolument pas se substituer à la lecture des œuvres. Le but est de vous faciliter le travail, non de l'éliminer. Aussi il serait fructueux pour vous de faire des parallélismes entre les fiches et de revenir régulièrement aux trois œuvres, crayon en main, pour compléter votre lecture et enrichir votre réflexion.

Bienvenue dans le monde merveilleux de l'enfance, bonne lecture et… au travail !

Partie 1

Les œuvres au programme

Sous-partie 1

Jean-Jacques Rousseau, *Émile* *Livres I et II*

Fiche 1

Jean-Jacques Rousseau (1712-1778)

1. Une enfance difficile et mouvementée

Jean-Jacques Rousseau est né à Genève, en Suisse, en 1712. À cette époque, la ville est une république calviniste, très marquée par une forme de rigorisme moral. Sa mère meurt en couche, comme c'était très fréquent à l'époque et Jean-Jacques Rousseau en tirera une impression de manque assez fondamental. Son père, Isaac Rousseau, un horloger, est très aimant pour le jeune garçon mais la famille vit dans le souvenir de la mère disparue. D'origine populaire, le jeune garçon développe très vite un goût vif pour la lecture mais il est placé en pension assez tôt chez un pasteur assez strict, M. Lambercier. Le jeune garçon développera une attirance particulière pour la sœur du pasteur, Mlle Lambercier, qui lui sert de substitut maternel. Placé ensuite en apprentissage, le jeune Rousseau ne se plaît pas dans cette existence et se retrouve un soir dehors après la fermeture des portes de la ville de Genève, ce qui va le pousser à quitter son domicile et à mener une vie aventureuse. Il a 16 ans.

2. Une rencontre décisive

Il erre de ville en ville à la découverte du monde et finit par être recueilli par un curé qui le recommande à une dame pieuse d'Annecy, Mme de Warens. C'est une rencontre décisive pour le jeune adolescent et il développera assez rapidement une vraie passion pour cette jeune femme. Envoyé à Turin pour s'y convertir au catholicisme, Jean-Jacques Rousseau est témoin d'attouchements homosexuels de ses camarades, mais va quitter la ville italienne pour exercer plusieurs métiers comme laquais, séminariste, secrétaire d'un prêtre. En 1731, il retrouve Mme de Warens à Annecy et va devenir son protégé et son amant. Sa relation avec elle est complexe car il l'appelle « Maman ». Elle l'envoie ensuite poursuivre son éducation à Lyon. Jean-Jacques Rousseau a eu donc un début dans la vie digne d'un roman picaresque et peut être considéré comme un autodidacte.

3. Un jeune homme découvrant le monde parisien et la vie littéraire

En 1742, Jean-Jacques Rousseau arrive à Paris et essaie de gagner sa vie comme musicien et compositeur. Il fréquente le monde littéraire de l'époque et notamment les salons où se réunissent les grands écrivains de ce temps comme Marivaux et Fontenelle mais il va aussi rencontrer des philosophes des Lumières comme Denis Diderot, son contemporain, lui aussi d'origine populaire. Il va ensuite travailler pour un ambassadeur français auprès de la république de Venise, qui est une entité politique indépendante à l'époque. Il revient à Paris, compose un opéra qui va avoir du succès et qui lance sa réputation. Il fréquente de plus en plus les salons et devient l'ami d'écrivains comme les frères Grimm et de philosophes comme l'abbé Condillac, penseur sensualiste, et le mathématicien d'Alembert, coorganisateur de l'*Encyclopédie* avec Diderot. Il rédige d'ailleurs les articles sur la musique dans l'*Encyclopédie*.

4. Un père malgré lui

Parallèlement, il rencontre une jeune lingère, Thérèse Levasseur, avec qui il va avoir cinq enfants mais estimant qu'il n'a pas les moyens de bien les élever, il les abandonne et les dépose à l'Hospice des Enfants Trouvés, malgré les protestations de leur mère. Cette pratique était beaucoup plus courante à l'époque qu'aujourd'hui mais montre que Jean-Jacques Rousseau semblait ne pas vouloir s'embarrasser d'enfants, ce qui est paradoxal pour l'auteur de l'*Émile*. Ses ennemis le lui ont d'ailleurs reproché vivement. Ainsi, Voltaire, grand adversaire de Jean-Jacques, écrit dans une lettre à M. de Chabanon en 1766 : « Voyez Jean Jacques Rousseau, il traîne avec lui la belle demoiselle Levasseur, sa blanchisseuse, âgée de cinquante ans, à laquelle il a fait trois enfants, qu'il a pourtant abandonnés pour s'attacher à l'éducation du seigneur Émile, et pour en faire un bon menuisier. »

Jean-Jacques Rousseau n'a jamais caché l'abandon de ses enfants (il avoue en avoir eu cinq et non trois) et s'en est expliqué à plusieurs reprises dans son principal ouvrage autobiographique, *Les Confessions*.

Ainsi, il commence par évoquer cet acte de manière assez rapide et sèche lorsqu'il relate la naissance de son deuxième enfant : « l'enfant [...] fut déposé par la sage-femme au bureau des enfants trouvés dans la forme ordinaire. L'année suivante même inconvénient et même expédient [...] Pas plus de réflexion de ma part, pas plus d'approbation de celle de la mère ; elle obéit en gémissant. »

Plus tard dans *Les Confessions*, Rousseau reviendra sur cette question et justifie l'abandon avec une certaine mauvaise foi : « Si je disais mes raisons, j'en dirais trop. Puisqu'elles ont pu me séduire elles en séduiraient bien d'autres : je ne veux pas exposer les jeunes gens qui pourraient me lire à se laisser abuser par la même erreur. Je me contenterai de dire qu'elle fut telle qu'en livrant mes enfants à l'éducation publique faute de pouvoir les élever moi-même ; en les destinant à devenir ouvriers et paysans plutôt qu'aventuriers et coureurs de fortune, je crus faire un acte de citoyen et de père, et je me regardai comme un membre de la République de Platon. [...] j'ai souvent béni le Ciel de les avoir garantis par-là du sort de leur père, et de celui qui les menaçait quand j'aurais été forcé de les abandonner. »

En outre, le philosophe légitime cet abandon par un argument « pédagogique » dans le livre IX des *Confessions* : il voulait éviter qu'ils ne soient élevés par la famille de sa compagne, Thérèse Levasseur : « Je frémis de les livrer à cette famille mal élevée pour en être élevés encore plus mal. Les risques de l'éducation des enfants trouvés étaient beaucoup moindres. » Ce serait donc, à l'en croire, pour le bien de ses enfants qu'il les aurait abandonnés.

Enfin, dans le douzième livre des *Confessions*, Rousseau revient une dernière fois sur l'abandon de ses enfants et semble esquisser un remords : « Le parti que j'avais pris à l'égard de mes enfants, quelque bien raisonné qu'il m'eût paru, ne m'avait pas toujours laissé le cœur tranquille. En méditant mon *Traité de l'Éducation*, je sentis que j'avais négligé des devoirs dont rien ne pouvait me dispenser. [...] Le remords enfin devint si vif, qu'il m'arracha presque l'aveu public de ma faute au commencement de l'*Émile*, et le trait même est si clair, qu'après un tel passage il est surprenant qu'on ait eu le courage de me la reprocher. »

On le voit, Rousseau prétend avoir avoué sa faute par remords mais c'est pour mieux critiquer ceux qui lui en font le reproche. On peut donc légitimement s'interroger sur la sincérité et la profondeur de ce remords et de cet aveu.

5. Les débuts d'une brillante carrière de philosophe et d'écrivain

Jean-Jacques Rousseau va se tourner vers la réflexion philosophique à partir de 1750. Il décide d'écrire un discours pour reprendre à une question posée par l'académie de Dijon qui se demande « si le progrès des sciences et des arts a contribué à corrompre ou à épurer les mœurs ». Jean-Jacques Rousseau compose donc son premier texte philosophique, le *Discours sur les Sciences et les arts* et atteint une certaine notoriété. Pour lui, c'est net, le progrès des connaissances se fait au détriment de la morale et son option le met déjà un peu en marge de la pensée des Lumières. Il poursuit sa pensée avec le *Discours sur l'origine et les fondements de l'inégalité parmi les hommes* qui répond à un concours lancé par l'académie de Dijon en 1755. Cette fois-ci, il remporte le premier prix et cela conforte sa renommée mais cela provoque également des remous dans la sphère intellectuelle, car Rousseau réaffirme que la civilisation et la société pervertissent l'homme né naturellement bon. Cela va directement à l'encontre de la pensée progressiste de nombreux philosophes des Lumières, comme Voltaire, partisan du développement du luxe, du commerce, de l'industrie et des sciences.

6. Un écrivain célèbre mais isolé

Jean-Jacques Rousseau continue à écrire mais se brouille de plus en plus avec ses collègues écrivains comme Voltaire, Grimm, Diderot et d'Alembert. Il semble de plus en plus soucieux de se retirer du monde, profite de l'hospitalité d'une grande aristocrate amatrice de Belles Lettres, Mme d'Épinay, et il publie un roman épistolaire célèbre, *La Nouvelle Héloïse*, en 1761, qui obtiendra un succès phénoménal, mais aussi des ouvrages philosophiques comme *Du contrat social* et *l'Émile.* en 1762. Avec ces deux ouvrages, il affirme ses convictions républicaines, démocratiques, à une époque où les philosophes des Lumières semblent s'accommoder d'une forme de monarchie modérée et sont prêts à soutenir le despotisme éclairé (Diderot et Voltaire le feront sans hésitation). Avec l'*Émile.*, il prône des conceptions pédagogiques nouvelles et assez révolutionnaires pour l'époque.

L'Émile est condamné par le Parlement de Paris notamment pour les conceptions religieuses qui se trouvent dans une de ses parties, la *Profession de foi du vicaire savoyard.* Jean-Jacques Rousseau, qui craint d'être arrêté, fuit en Suisse mais ses livres philosophiques sont également condamnés à Genève et brûlés sur la place publique. Jean-Jacques Rousseau se sent persécuté et doit quitter la Suisse pour l'Écosse où il est accueilli par le philosophe empiriste David Hume. Là encore, il se brouille avec son collègue et a de plus en plus l'impression qu'on complote contre lui. C'est l'idée de la fameuse « cabale » dirigée par Voltaire et les philosophes. À ce moment, il commence à écrire ses *Confessions*, récit fondateur de l'autobiographie moderne où il revient sur sa jeunesse et tente de se justifier pour répondre à ses calomniateurs.

7. Une fin de vie solitaire

Il revient à Paris et se consacre à la musique et à la botanique. Par ailleurs, il développe de plus en plus son écriture autobiographique avec les *Dialogues*, puis *Les rêveries du promeneur solitaire*. Il se retire à la campagne, à Ermenonville, en Picardie, chez son protecteur et mécène le marquis de Girardin, avec sa compagne Thérèse qui vivra avec lui jusqu'au bout. Sa santé physique et mentale est de plus en plus déclinante et Jean-Jacques Rousseau développe une forme assez aiguë de paranoïa. Il y meurt le 2 juillet 1778 mais son œuvre continuera de faire des adeptes et inspirera les révolutionnaires, notamment les Montagnards comme Maximilien de Robespierre et Saint-Just. Les cendres de Jean-Jacques Rousseau seront d'ailleurs transférées au Panthéon sur ordre de la Convention en 1794, non loin – comble de l'ironie – de son meilleur ennemi, Voltaire.

Fiche 2

Structure et résumé d'*Émile ou de l'éducation*

Livre I

Jean-Jacques Rousseau commence par réaffirmer un des principes fondamentaux de sa pensée, déjà énoncé dans ses premières œuvres philosophiques comme le *Discours sur l'origine et les fondements de l'inégalité parmi les hommes*, à savoir la bonté originelle de l'homme, créature de Dieu. Pour lui, le mal vient de la société. Il en appelle à la mère vue comme une protectrice de l'enfant.

Il annonce ensuite son sujet : « on façonne les plantes par la culture, et les hommes par l'éducation ». Nous pouvons donc éviter que naissent le mal ou l'injustice en soignant tout particulièrement l'éducation de l'enfant qui va conditionner la suite de son existence.

Jean-Jacques Rousseau détaille trois types d'éducation : celle de la nature, qui ne dépend pas de nous, celle des choses, qui nous est inaccessible, et celle des hommes. Seule la dernière est modifiable par nos soins, il faudra donc se concentrer sur celle-ci. Pour Rousseau, c'est sur la nature qu'il faut au maximum calquer l'éducation donnée par les hommes.

Pour Jean-Jacques Rousseau, on ne doit pas éduquer l'enfant pour la société mais pour lui-même, ce qui fait qu'il écarte les éducations publiques existantes qui assignent une place à l'enfant dans la société. Au contraire, pour le penseur suisse, l'éducation doit préparer à la vie et non à la vie sociale : « vivre est le métier que je veux lui apprendre. En sortant de mes mains, il ne sera, j'en conviens, ni magistrat, ni soldat, ni prêtre ; il sera premièrement homme. » En effet, l'éducation doit permettre de donner à l'enfant les moyens de survivre et de résister aux difficultés de son existence future.

Jean-Jacques Rousseau va donc s'opposer à certaines pratiques de son temps : il critique les femmes qui emmaillotent les enfants, car pour lui, elles ont tendance à restreindre la liberté de mouvement du bébé, ce qui est un mauvais départ dans la vie et peut avoir des effets très concrets sur la santé des nourrissons. De plus, le philosophe genevois refuse la pratique très courante notamment parmi les classes aisées de la mise en nourrice. Il encourage au contraire toutes les femmes à nourrir elles-mêmes leur progéniture au sein, car c'est ce qui est le plus naturel. Il accuse les mères refusant d'allaiter d'être dénaturées, égoïstes, et de vouloir se débarrasser de leurs enfants pour se livrer aux plaisirs, en négligeant leur devoir. Si les mères retrouvent leur devoir « naturel », les mœurs s'amélioreront automatiquement, par voie de conséquence, d'après Jean-Jacques Rousseau.

Si une bonne mère est primordiale pour le développement de l'enfant, il ne faut pas cependant tomber dans l'excès : le penseur critique ainsi les mères trop protectrices qui risquent d'empêcher leur enfant de résister aux difficultés de la vie. Au contraire, l'enfant doit se confronter à l'existence peu à peu et le garder dans un éternel cocon ne peut pas l'aider. Pour Rousseau, l'éducation doit en effet permettre à l'enfant de s'endurcir. Cela implique assez logiquement que l'éducation de la nature peut paraître assez éprouvante. Il ne faut pas céder à toutes les demandes et les caprices du bébé, car il risque de croire qu'il est le centre du monde et cela peut favoriser chez lui une tendance à la domination, qui serait néfaste pour la suite de son parcours. Ainsi, l'enfant ne doit pas devenir un tyran pour le philosophe.

Ensuite, Jean-Jacques Rousseau en vient à parler du père après avoir évoqué la mère. Pour lui, le père doit être le premier précepteur de l'enfant. S'il ne peut pas subvenir aux besoins de l'enfant, il ne doit pas devenir père.

Cependant, il est également nécessaire de fournir à l'enfant un « gouverneur », un professeur qui l'éduquera mais Rousseau souligne une difficulté majeure : comment le gouverneur pourrait-il bien diriger l'enfant s'il n'a pas reçu lui-même une éducation hors pair ? Comment trouver le bon éducateur et comment s'assurer de sa qualité ? Il risque d'être introuvable. L'auteur rappelle à ce propos qu'un jour, un homme lui a demandé d'éduquer son fils mais qu'il a refusé par crainte de mal faire. Il ajoute que ses lecteurs seront peu tentés après avoir terminé son livre de lui proposer d'éduquer leurs enfants. Il décourage même les éventuels parents intéressés de le lui demander. Il a donc bien conscience de ne pas avoir les qualités requises pour élever un enfant, mais il veut pourtant aider les autres à le faire en proposant des conseils théoriques via l'ouvrage.

Jean-Jacques Rousseau imagine pour les besoins de son argumentation un élève totalement fictif qui servira d'exemple ou de cobaye. Il l'appelle Émile et considère qu'il saura être autonome à l'âge adulte grâce à l'instruction originale qu'il recevra.

Le philosophe envisage ensuite le profil idéal du « gouverneur » : contre toute attente, il devra être plutôt jeune et assez proche en âge de son élève.

Rousseau imagine Émile comme un enfant assez commun, pour qu'il soit plus représentatif comme modèle, il en fait également un orphelin et seul son gouverneur s'occupera de lui. Il envisage également un enfant de bonne famille, en bonne santé. Il refuserait un enfant malade, et pour lui, la bonne santé est essentielle pour entamer une bonne éducation. Jean-Jacques Rousseau en profite pour critiquer les médecins qui ont pris un grand poids dans la société de son temps. Pour lui, c'est un art mensonger qui rend plus malade qu'il ne guérit, dans le sens où il fragilise les gens, les effraie.

Il préfère donc que les médecins n'approchent pas Émile. S'il est malade, Émile doit expérimenter la souffrance patiemment et naturellement, comme le fait un animal dans la nature. Le seul aspect positif de la médecine que Rousseau retienne est l'hygiène : il faut que l'enfant fasse de l'exercice pour se maintenir en bonne forme et moins il aura affaire à la médecine, mieux il se portera.

Jean-Jacques Rousseau envisage ensuite de manière concrète les débuts de l'éducation d'Émile bébé. Si la mère peut l'allaiter, c'est préférable mais si cela est impossible, il importe de bien choisir la nourrice : elle doit avoir récemment accouché, elle doit être jeune et bien portante tant de corps que d'esprit. De plus, il est essentiel que le bébé n'ait qu'une seule nourrice et un seul précepteur. Rousseau s'intéresse aussi au régime de la nourrice : pour que son lait soit de bonne qualité, elle doit manger comme elle le faisait avant d'allaiter, mais il préconise un régime végétarien et avec peu de viande, c'est-à-dire le régime des paysannes de son époque car la viande était assez chère.

De même, le philosophe suisse recommande d'élever l'enfant à la campagne, au plus près de la nature, car les villes sont des lieux de perdition pour lui, avec un air malsain. Il recommande ensuite de souvent laver les enfants et d'éviter de les mettre au maillot, de manière à leur laisser une liberté de mouvement et à ne pas entraver leur développement, même si les nourrices préfèrent emmailloter les enfants car cela leur demande moins de travail pour les surveiller.

Jean-Jacques Rousseau s'attache ensuite à décrire le nouveau-né. Il est dominé par ses besoins et sa faiblesse et pleure ou appelle sans cesse pour obtenir ce qui est nécessaire à sa survie. Il faut dès ce moment commencer son éducation et ne pas attendre qu'il sache parler : on peut empêcher que certaines peurs ne s'installent chez l'enfant en l'habituant depuis la toute première enfance à voir des objets laids, désagréables, des masques. Il ne faut donc pas prémunir l'enfant contre tout mais au contraire l'amener à faire l'expérience de ce qui sera négatif pour lui ensuite. Quand l'enfant pleure, il ne faut pas le frapper comme le font certaines nourrices, mais il ne faut pas lui obéir sans cesse. Quand il demande un objet, il vaut mieux l'amener à l'objet plutôt que l'inverse pour éviter de lui donner de mauvaises habitudes. De plus, Jean-Jacques Rousseau préconise une éducation populaire où l'enfant n'est pas immédiatement servi par des domestiques car cela crée moins d'enfants capricieux et tyranniques.

Pour Jean-Jacques Rousseau, l'enfant n'est jamais méchant en lui-même mais il est faible : si on le rend fort par l'éducation, il ne sera pas méchant. Quand il fait quelque chose de répréhensible, c'est par ignorance ou par volonté de s'affirmer et de poser sa marque sur son environnement. Il faut leur donner plus de liberté de mouvement et d'action, ce qui fera qu'ils pleureront moins.

Jean-Jacques Rousseau donne également des conseils pour l'alimentation des enfants et recherche une certaine simplicité. Ainsi, l'éducation paysanne lui paraît meilleure pour forger le caractère, pour l'alimentation, mais aussi pour l'apprentissage du langage. Il faut parler aux enfants très tôt mais il est nécessaire de ne pas les presser à parler à leur tour : on doit respecter leur propre rythme, qui est naturel.

Le livre I s'achève en présentant un enfant qui sait marcher, parler et qui a donc déjà une certaine autonomie.

Livre II

Jean-Jacques Rousseau ouvre le livre II *d'Émile* sur la distinction entre deux mots latins pour désigner l'être humain avant son arrivée à l'âge adulte : *infans* et *puer*. L'*infans*, c'est celui qui ne peut pas parler (*in-fans*) ; par opposition, le *puer*, c'est l'individu qui a appris à parler et qui a donc une plus grande maîtrise sur son environnement.

Émile est donc désormais un *puer* qui parle et qui pleure donc moins pour signaler ses besoins et désirs à son entourage. Pour le philosophe genevois, il ne faut pas accourir tout de suite quand un enfant pleure mais aller le voir quand il a cessé ses pleurs. Ainsi, on lui apprend à réfréner ses larmes et à ne plus crier quand il a besoin d'autrui.

De la même manière, il est inutile de se précipiter quand l'enfant s'est fait mal ; il vaut mieux le laisser endurer la souffrance, ce qui renforce son courage. Il doit apprendre à souffrir.

De même, il est inutile et contre-nature d'assister en permanence l'enfant quand il fait ses premiers pas : qu'il apprenne par lui-même, cela développera ses capacités et son goût pour la liberté, ainsi qu'une certaine gaieté d'esprit.

Jean-Jacques Rousseau encourage ensuite ses contemporains à respecter le temps de l'enfance et à ne pas chercher à faire de l'enfant un adulte trop tôt : apprenons à laisser l'enfant profiter de son présent et ne sacrifions pas le bonheur des premières années en vue d'un hypothétique avenir. Ainsi, le philosophe déclare : « il faut considérer l'homme dans l'homme et l'enfant dans l'enfant ».

En outre, Jean-Jacques Rousseau s'interroge sur le bonheur et le malheur chez l'homme : le bonheur survient lorsqu'il y a selon lui un équilibre entre nos désirs et nos capacités à les accomplir. Il faut donc que l'enfant conserve le plus longtemps possible cet équilibre et qu'il se concentre uniquement sur ses désirs nécessaires, dictés par la nature. C'est donc à la modération et à une certaine modestie que nous invite l'auteur de l'*Émile*, et ce dès les premières années de notre existence : « L'homme est très fort quand il se contente d'être ce qu'il est ; il est très faible quand il veut s'élever au-dessus de l'humanité. »

Rejoignant certains penseurs antiques, il s'adresse à l'homme en général et lui conseille de suivre au maximum la nature : « resserre ton existence au dedans de toi, et tu ne seras plus misérable. Reste à la place que la nature t'assigne dans la chaîne des êtres, rien ne t'en pourra faire sortir. » Ainsi, la faiblesse de l'homme n'est pas imputable à la nature qui fait tout bien d'après Jean-Jacques Rousseau mais à la société qui nous donne des désirs superflus et nous plonge dans le malheur quand nous ne pouvons pas les réaliser.

Après cette digression sur le bonheur humain, le penseur revient au sujet de l'enfant : contrairement à l'homme sage, l'enfant ne peut pas connaître sa place dans la nature et ne saurait donc s'y tenir. C'est donc à son précepteur de la lui indiquer et de l'inviter à suivre en tout point la nature. L'auteur *d'Émile* pousse donc à habituer l'enfant à se restreindre à ses besoins naturels et à ne pas céder à tous ses désirs.

Cependant, il ne faut pas être trop rigoureux ni trop permissif pour le précepteur, il convient de garder un équilibre. En cédant à tous les caprices de l'enfant, on risque de le rendre malheureux car il n'aura pas la possibilité de réaliser tous ses désirs lorsqu'il sera devenu grand. L'enfant pourrait se transformer en une espèce de tyran pour son entourage mais aussi en véritable esclave de ses propres désirs immodérés, s'il n'était fermement dirigé. Là encore, Jean-Jacques Rousseau nous conseille de revenir à la nature : l'enfant est faible, dépendant, il est naturellement porté à être aimé ou secouru et non à commander. Il faut donc être ferme et bienveillant.

Jean-Jacques Rousseau s'interroge ensuite sur une proposition du philosophe anglais du dix-septième siècle John Locke, père de l'empirisme, qui encourage la discussion avec les enfants pour développer leurs capacités de raisonnement. Pour lui, raisonner avec un enfant est prématuré car la capacité de raisonnement doit être le résultat de l'éducation et non un instrument de celle-ci : « Si les enfants entendaient raison, ils n'auraient pas besoin d'être élevés ». Rousseau imagine un petit dialogue où le maître et l'enfant discutent : l'enfant refuse d'obéir à un ordre qui lui adjoint de ne pas faire telle ou telle chose considérée comme mauvaise. Il ne cesse de poser des questions et en vient à développer mensonge et dissimulation pour contourner la loi et faire ce qui lui plaît. Pour l'auteur de *l'Émile*, discuter avec un enfant aboutit à un cercle vicieux où tout est remis en question en permanence. L'enfant n'est pas en capacité de distinguer par lui-même le bien du mal, il doit donc apprendre cela de l'adulte et ne pas le contester.

Il faut donc pour Jean-Jacques Rousseau ne pas mélanger les âges et considérer l'enfant suivant son âge : il doit premièrement prendre conscience de sa faiblesse et de sa dépendance envers les adultes, ce qui le pousse à leur obéir. Il est nécessaire de dire « non » ou « il n'y en a plus » à un enfant pour qu'il évolue et ne devienne pas un tyran capricieux. Ce que propose Rousseau, c'est une éducation naturelle suivant une « liberté bien réglée ».

L'auteur s'intéresse ensuite à la moralité des actions de l'enfant. Il pose pour principe que naturellement, l'enfant ne peut pas agir de façon immorale car « les premiers mouvements de la nature sont toujours droits » selon lui. Si l'enfant agit suivant la nature, il ne peut donc mal faire et la vie à la campagne garantira une simplicité et une innocence prolongée pour Émile.

Pour Jean-Jacques Rousseau, la période la plus importante de l'enfance se situe avant la douzième année, car c'est à ce moment que les vices peuvent germer. Il faut donc selon lui commencer par préserver la pureté originelle de l'enfant le plus longtemps possible, sans avoir à enseigner la vertu. C'est ce qu'il appelle « l'éducation négative » : « en commençant par ne rien faire, vous auriez fait un prodige d'éducation ».

Rousseau affirme ici se situer à contre-courant de ce qui se pratique à son époque. En effet, pour lui, il vaut mieux laisser faire la nature, observer le développement de l'enfant sans le contraindre et en intervenant le moins possible. De plus, il invite les précepteurs à devenir pleinement humains et vertueux eux-mêmes avant d'essayer d'enseigner quoi que ce soit aux enfants. Le pédagogue doit donc être exemplaire pour Jean-Jacques Rousseau. Il doit proposer une éducation par l'exemple, par l'image et pas par un discours magistral. Ainsi, en présentant la colère comme une espèce de maladie, on protège l'enfant des passions vives.

Il faut inculquer assez tôt à l'enfant la notion de propriété et ce par l'exemple. Si l'enfant qui est élevé à la campagne participe aux travaux de jardinage en arrosant les fèves qu'il mangera ensuite, il acquiert le sens de la propriété de manière concrète et non abstraite. Ses efforts, ses soins, le rendront heureux du travail accompli dans son jardin. S'il découvre un jour qu'un jardinier a ramassé ses fèves avant lui, il en tirera un mécontentement légitime. Jean-Jacques Rousseau imagine d'ailleurs le dialogue entre Émile et le jardinier prénommé Robert. L'enfant peut comprendre simplement et concrètement que la terre appartient à celui qui la travaille et l'embellit.

À partir de ce moment, l'enfant entre dans le monde moral, c'est-à-dire qu'il va comprendre la différence du bien et du mal, ce qui est autorisé et ce qui est défendu, mais de manière concrète et non abstraite. C'est à cette période que le vice peut s'introduire dans son existence et le pédagogue doit être particulièrement attentif en ce temps.

Se pose la question du mensonge : Jean-Jacques Rousseau pense qu'il est contre-productif d'apprendre aux enfants à ne pas mentir, car ils finissent par le faire. L'apprentissage abstrait de la morale ne vaut rien et précipite au contraire l'entrée dans le vice. Il vaut mieux leur montrer l'inutilité du mensonge et il faut éviter que les enfants n'apprennent à dissimuler. Si on ne leur promet pas de punition, ils ne mentiront pas pour éviter d'être punis. Il ne faut pas les obliger à promettre des choses qu'ils ne maîtrisent pas, ce qui leur évitera ensuite de mentir.

Dans le domaine moral, le précepteur se doit d'être exemplaire car l'enfant va l'imiter, comme le préconise la nature. Il ne faut pas bourrer le crâne des enfants avec des règles de morale mais il faut au contraire leur faire simplement comprendre qu'ils ne doivent pas faire le mal, plutôt que de leur enseigner à faire le bien, ce qui est plus complexe et plus abstrait.

Jean-Jacques Rousseau en vient ensuite à réfléchir à l'éducation intellectuelle de l'enfant. Il envisage le cas d'enfants prodiges ou surdoués qui est très résiduel d'après lui. L'enfant prodige paraît parfois stupide et il ne faut jamais oublier qu'il n'est qu'un enfant quelles que soient ses aptitudes. Jean-Jacques Rousseau refuse un enseignement drastique pour les enfants. Au contraire, il faut les laisser profiter de leurs premières années et ne pas brusquer la nature. En effet, il ne souhaite pas à tout prix gagner du temps en inculquant très tôt des savoirs abstraits aux enfants. D'ailleurs, les enfants qui enregistrent beaucoup d'informations dans les premiers temps de leur vie ne comprennent pas ce qu'ils entendent, il est donc bien vain de vouloir leur apprendre beaucoup de choses au tout début de leur existence. Pour le philosophe des Lumières, les enfants n'ont pas de jugement et pas vraiment de mémoire non plus. Leur raison est limitée à ce qui est immédiat et lié aux sensations. Jean-Jacques Rousseau critique vertement les pédagogues de son temps qui bourrent les enfants de mots, d'idées abstraites. Il estime que l'apprentissage des langues vivantes ou anciennes est inutile à cet âge-là, de même que l'histoire ou la géographie. Pour appuyer son propos, Rousseau, qui se présente comme un homme simple qui parle d'expérience et ne prétend pas détenir un savoir et une position d'autorité, développe une anecdote personnelle où il a rencontré un enfant qui semblait très savant et qui a raconté une histoire sur Alexandre le Grand au cours d'un repas. Pour l'auteur *d'Émile*, cet enfant n'a en réalité rien compris à l'histoire qu'il a racontée, comme il l'a observé au cours d'un entretien privé qu'il a eu après le repas avec l'enfant.

Jean-Jacques Rousseau refuse qu'Émile apprenne des choses par cœur, car l'enfant ne doit pas emmagasiner des savoirs abstraits mais profiter de ses premières années pour apprendre ce qui sera utile à sa vie et lui permettra d'atteindre le bonheur plus tard. Ainsi, il critique vertement l'apprentissage des fables proposé régulièrement aux enfants ; notamment les célèbres fables de La Fontaine. D'après le penseur, les fables voilent la vérité, alors qu'il faut dire la vérité nue aux enfants. Pour Rousseau, les fables de La Fontaine sont trop complexes pour correspondre vraiment à des enfants qui ne les comprendront pas : seules quelques-unes ont vraiment la naïveté qui convient à de vrais enfants. Pour appuyer sa démonstration, Jean-Jacques Rousseau s'attaque donc à une des plus célèbres fables du poète classique, « Le corbeau et le renard », qui était déjà un incontournable dans l'éducation des jeunes enfants du dix-huitième siècle. Il commente au fur et à mesure le texte en se demandant ce que comprend vraiment un enfant. Il met en avant l'invraisemblance, l'imprécision de la situation, la difficulté de compréhension des vers et de certains passages trop généraux ou abstraits. En outre, il souligne l'immoralité de cette fable : pour lui, apprendre à un enfant qu'il y a des flatteurs qui profitent de la bêtise et de la vanité d'autrui n'est pas une bonne leçon. Au lieu de s'apitoyer sur le pauvre corbeau victime de la ruse et de la méchanceté du renard, les enfants sont plutôt amenés à aimer le renard immoral et criminel et à détester la victime, ce qui va à l'encontre de l'humanité et de l'empathie nécessaires à un enfant. Jean-Jacques Rousseau prend ensuite d'autres exemples de fables de La Fontaine pour montrer l'immoralité ou l'inutilité de ces textes pour de jeunes enfants. Il reconnaît néanmoins l'intérêt de ces œuvres mais plutôt pour un public plus âgé voire adulte. Le philosophe genevois en vient à bannir les livres de l'éducation d'Émile : il n'aura pas vu un seul livre avant l'âge de douze ans, même s'il doit savoir lire. Pour amener l'enfant à apprendre à lire, il faut tabler sur son désir d'apprendre qui est fondamental mais aussi lui présenter la lecture comme quelque chose d'utile directement pour lui car un enfant n'apprend en général que ce qui peut lui apporter un bienfait plus ou moins immédiat. Ainsi, si on donne l'habitude à Émile de recevoir des lettres de personnes chères, il aura volontiers envie d'apprendre à lire car il y verra son intérêt direct.

Jean-Jacques Rousseau défend donc une « méthode inactive » d'apprentissage où tout repose sur le concret, l'utile, et où il refuse l'abstrait et le par cœur. En cela, il prétend suivre l'évolution même de l'élève et il a bien conscience d'aller contre les pratiques de son temps. Il faut s'accorder au rythme de l'élève et le solliciter : « Si votre tête conduit toujours ses bras, la sienne lui devient inutile » déclare le philosophe genevois.

Il est également recommandé de faire faire de l'exercice physique à l'enfant et il faut surtout l'amener à réfléchir par lui-même et à faire preuve d'autonomie. Rousseau compare ainsi l'élève à deux figures, le paysan et le sauvage. Alors que le paysan a l'habitude de reproduire ce qu'il a vu chez son père et ne développe pas souvent d'initiative, le sauvage est obligé, lui, de faire preuve d'esprit critique et d'inventivité, car étant tout seul, il ne peut se reposer sur personne. Dès lors, Jean-Jacques Rousseau, déjà connu pour ses positions en faveur du « bon sauvage » depuis le *Discours sur l'origine et les fondements de l'inégalité parmi les hommes*, réaffirme ce modèle pour l'enfant. Il souligne les bienfaits de sa méthode inactive : « Jeune instituteur, je vous prêche un art difficile, c'est de gouverner sans préceptes, et de tout faire en ne faisant rien. »

Pour Jean-Jacques Rousseau, il faut donner l'impression à l'enfant qu'il est le maître alors qu'en réalité, le précepteur dirige tout. Ainsi, l'enfant ne mentira pas, ne s'opposera pas et acceptera l'apprentissage car il y voit son intérêt et son plaisir.

Les caprices des enfants ne sont pas naturels mais le fruit d'une mauvaise éducation pour l'auteur de l'*Émile*. À ce propos, Jean-Jacques Rousseau raconte une anecdote personnelle pour appuyer sa thèse : il a eu brièvement la charge d'un enfant d'une famille aristocratique. L'enfant a commencé par tester la patience de Rousseau en le réveillant plusieurs fois la nuit. Une nuit, le philosophe refuse de céder après avoir prévenu le garçon qui réagit en faisant beaucoup de tintamarre ; Jean-Jacques Rousseau l'enferme dans un cabinet isolé où l'enfant s'endort finalement. Le lendemain, il fait semblant d'être malade, sa mère s'en inquiète et conseille à Rousseau de ne pas contrarier son fils qui est délicat. Sur les conseils d'un médecin avisé, l'enfant est mis à la diète et au repos forcé, pris ainsi à son propre jeu. Ensuite, Jean-Jacques Rousseau prend le parti de ne pas céder à ses caprices : alors qu'il propose une promenade, l'enfant boudeur refuse ; le lendemain, quand l'enfant veut sortir, c'est Rousseau qui refuse à son tour en faisant clairement comprendre au garçon qu'il agit comme lui. L'enfant en vient donc à sortir tout seul mais sent sa faiblesse et sa dépendance, car personne ne le protège du monde extérieur et d'éventuelles mauvaises fréquentations. Quand il finit par rentrer chez lui, son père, qui avait été averti par le philosophe, le réprimande et lui dit de ne pas revenir s'il décide de sortir de nouveau seul. Jean-Jacques Rousseau termine son récit en précisant qu'il a réussi à rendre l'enfant obéissant et à le débarrasser de ses mauvaises habitudes.

L'auteur reprend ensuite son argument en faveur des exercices physiques et montre que l'enfant doit apprendre à juger de ses forces en se frottant au monde extérieur. Comme un enfant de paysan, l'enfant doit vivre au sein de la nature, il doit porter des vêtements pratiques et commodes, et non précieux car cela entraîne une forme de vanité. Rien ne doit entraver leur liberté de mouvement. Ils ne doivent pas craindre le froid, il faut les y habituer.

De même, il faut donner de l'eau simple et naturelle à boire aux enfants, il faut également favoriser leur sommeil dans des lits simples. Mais il ne faut pas les laisser dormir trop longtemps non plus. Pour Jean-Jacques Rousseau, il est nécessaire de pousser l'enfant à faire usage de ses sens et de ses membres, en faisant de l'exercice mais aussi en apprenant à nager. Il faut donc aguerrir l'enfant le plus possible. En lui proposant des jeux de nuit, on le pousse à ne pas avoir peur du noir et à ne pas céder à la panique et à se forger des craintes indues.

À ce propos, Rousseau en vient à se remémorer un souvenir d'enfance et s'en excuse auprès du lecteur car à son âge (il a cinquante-trois ans), on retombe un peu en enfance, d'après lui. Quand il était enfant, il avait été placé par son père en pension chez un pasteur appelé M. Lambercier et il était avec son cousin Bernard, qui avait peur du noir, ce qui suscitait les moqueries du jeune Rousseau. Un jour, le pasteur Lambercier le met au défi d'aller chercher une Bible de nuit au fond du temple. Le jeune Jean-Jacques doit donc affronter ses peurs et aller dans l'obscurité récupérer le livre. Il y parvient et est soulagé d'entendre les adultes (M. Lambercier et sa sœur que Rousseau aimait tout particulièrement, comme il le raconte dans les *Confessions*) parler dans la maison alors qu'il quitte le temple de nuit. Il préconise d'ailleurs ce point pour débarrasser les enfants de leur crainte de l'obscurité. Jean-Jacques Rousseau en vient ensuite à proposer des jeux pour les enfants.

Le philosophe propose de stimuler les cinq sens des enfants et de favoriser la promenade, notamment chez les enfants indolents ou paresseux. Il raconte comment il a réussi à développer le goût de la promenade voire de la course chez un enfant assez mou, grâce à des gâteaux qu'il lui donnait en récompense mais surtout en développant chez l'enfant le désir de surpasser ses petits camarades plus rapides que lui.

Jean-Jacques Rousseau s'interroge ensuite sur la possibilité d'apprendre à l'enfant des contenus abstraits comme la géométrie. Il la déconseille si elle est enseignée abstraitement mais la recommande si cela passe par des expériences concrètes dans lesquelles l'enfant trouvera un intérêt personnel. De même, on peut apprendre à l'enfant à développer un goût pour la musique sans pour autant lui apprendre à lire les partitions.

En outre, il préconise une alimentation saine et naturelle, proche de l'alimentation primitive, plus axée sur les fruits et les légumes que sur la viande (qui était chère et donc rare pour les enfants du peuple au XVIIIe siècle). Pour prémunir contre la viande, Jean-Jacques Rousseau rajoute des exemples tirés des Anciens, et notamment d'Homère et du philosophe grec Plutarque. Le penseur recommande de laisser manger les enfants tout leur soûl mais de veiller à ce qu'ils ne fassent pas d'indigestion.

Jean-Jacques Rousseau termine son analyse en proposant un bilan du jeune Émile. Arrivé à l'âge de douze ans, il ne connaît rien par cœur mais il a gardé sa pureté naturelle et s'il n'est pas savant, il est équilibré. Il est libre et bien portant, moral, heureux et de bon caractère. Si on le compare aux autres enfants, il les surpasse sur bien des points d'après le philosophe. Pour Rousseau, Émile a pu jouir parfaitement de son enfance, ce qui est précieux pour la suite de son existence.

Sous-partie 2

Hans Christian Andersen, *Contes*

Fiche 3

Hans Christian Andersen (1805-1875)

1. Un garçon issu d'un milieu pauvre et difficile

Hans Christian Andersen naît le 2 avril 1805 à Odense, deuxième ville du Danemark. Il est fils unique et issu d'une famille très modeste et peu cultivée : son père, Hans, est cordonnier mais non accrédité par la guilde des cordonniers, ce qui le place tout en bas de la profession, et sa mère, Anne Marie, est lavandière, c'est-à-dire qu'elle lave du linge pour vivre. Son père meurt quand il a onze ans, après s'être engagé pour combattre auprès de Napoléon Bonaparte qu'il admirait énormément, mais a eu une immense influence sur son fils qu'il aimait beaucoup.

On retrouvera cette dimension populaire chez beaucoup de personnages de l'écrivain qui n'a jamais caché ses basses origines, même si elles l'ont sans doute beaucoup complexé et l'ont poussé à la recherche de la gloire et de la réussite sociale.

La famille d'Andersen comporte de nombreux cas problématiques : son grand-père est mort fou, sa grand-mère était mythomane, et sa mère alcoolique est morte dans un hospice où il l'avait placée à la fin de sa vie. Hans Christian Andersen a longtemps craint de glisser dans la folie, tant il se sentait fragile psychologiquement, et a toujours eu un rapport compliqué avec la famille ; il ne s'est jamais marié et n'a pas eu d'enfant, alors qu'il les adorait d'après de nombreux témoignages. Il va garder une foi protestante assez prononcée héritée de sa mère, décrite comme une bigote. Son enfance n'est pourtant pas vécue comme traumatisante par le jeune garçon et plus tard, dans son autobiographie intitulée *Le conte de ma vie sans poésie*, l'écrivain danois présentera ses premières années sous un jour très positif : « Ma destinée n'aurait pas pu être dirigée d'une façon plus heureuse, plus sage et meilleure qu'elle ne l'a été. L'histoire de ma vie dira au monde ce qu'elle me dit : il y a un Dieu plein d'amour qui dispose tout pour le mieux. » Vérité intime ou idéalisation *a posteriori* d'une expérience difficile ? Il est délicat de trancher.

2. Un jeune autodidacte qui cherche à vivre de sa plume

Le jeune Hans Christian est un garçon de santé fragile, hypersensible et très peu adapté à la vie de son milieu social. Alors que sa mère essaie de le mettre au travail dans des fabriques, il supporte très mal cette vie et s'enfuit plusieurs fois de son lieu de travail. En revanche, il est doué pour les études, lit énormément et peut être considéré comme un enfant précoce. Repéré assez vite par des mécènes et des protecteurs dans sa ville, il est encouragé dans ses goûts littéraires et développe une véritable passion pour le théâtre. À l'âge de quatorze ans, refusant d'être placé en apprentissage et aidé par des protecteurs opulents, il quitte son foyer et va découvrir la capitale, Copenhague, grâce à ses petites économies. Il espère s'y faire un nom et vivre de sa plume. Il en profite pour poursuivre ses études.

Il est là encore remarqué par des protecteurs comme Johann Collin, député bourgeois et amateur de belles-lettres qui le pousse dans ses travaux. Il reviendra dans sa ville natale trois ans après et renoue avec ses anciens protecteurs d'Odense. Il commence à tenir un journal intime qui ira jusqu'à quatre mille pages et se plaît à s'examiner et à essayer de se comprendre, ce qui montre une tendance nette à l'introversion et un certain égocentrisme qu'on lui reprochera souvent. Il écrit ses premiers poèmes et ses premières tragédies, très marqués par le romantisme sentimental en vogue à cette époque dans toute l'Europe. En 1830, il publie son premier recueil de poèmes romantiques qui seront très bien reçus, mais Hans Christian Andersen ne supporte aucune critique, trait qui lui restera tout au long de sa carrière.

3. Les débuts de la carrière d'un dramaturge, romancier… et conteur

Au début des années 1830, Andersen commence donc à être connu comme poète, il obtient une certaine somme d'argent du roi du Danemark et décide de voyager en Allemagne, puis en France et en Italie, où il rencontre les écrivains romantiques comme Adalbert von Chamisso en Allemagne et Alexandre Dumas en France. Quand il revient au Danemark, il publie un roman, *L'Improvisateur*, qui est considéré comme sa première grande œuvre romanesque. Il publie également des contes pour enfants en 1835. Hans Christian Andersen ne considérait pas ces contes comme son œuvre majeure, mais c'est pourtant ce qui va l'imposer au Danemark et dans le reste de l'Europe. Ainsi écrivait-il à une de ses correspondantes, son amie Henriette Hanck : « J'ai aussi écrit quelques contes de fées pour enfants, et Orsted dit que si *L'improvisateur* me rendra célèbre, les contes de fées me rendront immortel, car ce sont les plus parfaits de mes écrits ; mais pour ma part, je ne le pense pas. »

Pourquoi Andersen choisit-il d'écrire des contes ? Il faut préciser que les contes fantastiques et merveilleux ont été très en vogue pendant la période romantique partout en Europe, notamment en Allemagne (déjà les célèbres frères Grimm, anciens amis de Jean-Jacques Rousseau, avaient recueilli de nombreux contes folkloriques à la fin du XVIIIe siècle, avant le début du romantisme allemand), en Angleterre et en France, mais il est important d'ajouter qu'Hans Christian Andersen avait une vraie sympathie pour les enfants et aimait leur raconter des histoires (il a même raconté des histoires aux enfants du roi du Danemark) ; certains considèrent qu'Andersen a su garder une âme d'enfant tout en étant adulte. De plus, ces contes triomphent car ils ne reprennent pas le modèle du conte de fées classique : il n'y a pas de moralité claire et le conteur insiste beaucoup sur la dimension orale et la simplicité, n'hésitant pas à interpeller directement les lecteurs enfantins. Certains critiques l'accusaient d'ailleurs de ne pas savoir bien écrire et d'être trop simple, ce qui est injuste car Andersen adapte son style aux différents projets littéraires qu'il entreprend. L'auteur aurait aussi puisé dans le fonds d'histoires entendues quand il était enfant, ce qui en renforce le caractère touchant et authentique. En outre, le romantisme poussait à la redécouverte des contes et légendes du terroir, croyant y voir une forme de traces de génie national ou d'esprit populaire. Le folklore est en effet crucial pour ces auteurs et Andersen reprend lui aussi des éléments traditionnels de la culture danoise. Hans Christian Andersen a d'ailleurs clairement indiqué son projet dans l'avant-propos de son premier recueil : « Dans mon enfance, j'aimais bien entendre des contes et des histoires, plusieurs demeurent encore bien vivants dans mon souvenir ; certains me semblent bien danois et sortis tout à fait du peuple, chez aucun étranger je n'ai trouvé les mêmes. Je les ai racontés à ma façon, me permettant toutes les modifications que je trouvais convenables, laissant mon imagination aviver les couleurs pâlies des images. »

Mais le conteur ne se contente pas de reprendre des histoires ancestrales ; il apporte sa patte, il personnalise ses récits comme nul autre, interpellant directement les lecteurs, il développe des mondes oniriques et l'humour présent dans de nombreux récits permet aussi de plaire aux lecteurs petits et grands.

Le succès du premier recueil de contes de 1835 le pousse à en publier d'autres en 1838 puis en 1842. Hans Christian Andersen commence enfin à pouvoir vivre de sa plume et à atteindre une certaine aisance qui se confirmera au fil des années. Il cherche à être connu et est ravi d'être traduit dans plusieurs langues, mais il veut avant tout être un grand romancier et écrit plusieurs récits, parfois assez proches de sa propre vie, ainsi que des pièces de théâtre. Il veut à tout prix ne pas être réduit à son image de conteur pour enfants mais force est de constater que ses autres productions sont aujourd'hui considérées comme passées et moins probantes que ses contes.

4. Un auteur mondialement célèbre mais pourtant fragile

La gloire et le succès d'Hans Christian Andersen ne doivent pas faire oublier d'importantes fragilités personnelles. Sur le plan sentimental, il tombe amoureux de plusieurs jeunes filles mais refusera toujours de se marier, par crainte de ne pas pouvoir assurer un train de vie suffisant pour une famille. Certains ont considéré qu'il avait également une attirance pour les hommes mais qu'il refusait catégoriquement de la laisser se développer. Ce puritain a beaucoup de difficultés à assumer la recherche de sensualité, tout en étant en quête permanente d'affection, et multiplie de nouveau les voyages en Europe, restant très peu au Danemark. C'est d'ailleurs le cas de beaucoup de grands auteurs scandinaves qui fuient volontiers leur patrie pour vivre dans d'autres pays qui sont le centre culturel du monde à l'époque. Il est désormais célèbre dans tout le continent et publie en 1847 un ouvrage autobiographique, *Le conte de ma vie sans poésie*. Lorsqu'il publie des contes, il enlève la mention de contes pour enfants, ce qui lui permet d'écrire des textes plus durs, plus sombres. Il en publiera en tout plus de cent cinquante, ce qui est considérable pour un écrivain qui voulait être d'abord un auteur pour adultes.

Les dernières années d'Andersen montrent un écrivain quasi institutionnel, reçu par les plus grands dont le roi du Danemark qui vient le visiter quand il est souffrant, entouré de mécènes et d'amis, mais cela ne doit pas faire oublier la face sombre de cet homme fragile, qui sombre souvent dans la mélancolie, l'hypocondrie, des crises d'angoisse répétées et un certain égocentrisme.

Après avoir fêté son soixante-dixième anniversaire en grande pompe, il meurt d'un cancer du foie en août 1875, réfugié chez une de ses protectrices, Mme Melchior, alors qu'il est mondialement connu et admiré.

Fiche 4

Structure et personnages des *Contes*

Le recueil de contes proposé au programme n'a pas été dessiné tel quel par Hans Christian Andersen mais regroupe des récits très disparates, qui vont du début de sa carrière (les premières histoires sont datées de 1835) aux derniers recueils publiés par l'écrivain danois. Il n'y a donc pas à proprement parler de structure identifiable voulue par le conteur.

De plus, il n'y a pas de personnage réapparaissant de conte en conte mais il y a des figures récurrentes, comme dans beaucoup de recueils pour enfants. Ces personnages sont des archétypes, des types présents chez beaucoup de conteurs : on trouve notamment des enfants partant à la découverte du vaste monde, souvent anonymes, mais aussi des vieilles femmes aux pouvoirs magiques comme des sorcières, des guérisseuses qui aident le héros dans l'accomplissement de sa quête ou bien le freinent, ou encore des personnages de parents aimants qui aident l'enfant dans son développement ou prennent soin de lui. Ces personnages, souvent anonymes, permettent à l'enfant qui lit les histoires d'Andersen de retrouver des figures familières auxquelles il s'identifie ou se raccroche, ce qui provoque un plaisir de la reconnaissance (l'enfant aime retrouver les mêmes schémas ou les mêmes figures qui se répètent, ce qui le rassure et conforte sa vision du monde ou son imaginaire dans une forme de stabilité immuable) et de la répétition.

Le briquet

Un jeune soldat rencontre une sorcière qui lui demande d'aller lui chercher un vieux briquet oublié au fond d'un arbre creux. En échange, il pourra récupérer l'argent trouvé dans l'arbre. Le soldat s'exécute et découvre un monde secret dans l'arbre, gardé par des chiens magiques. Il prend de l'argent et le briquet mais refuse de le donner à la sorcière quand il remonte car elle ne veut pas lui dire à quoi il servira. Il coupe alors la tête de la sorcière et va en ville. Il souhaite rencontrer la jeune princesse qui lui est inaccessible. Après avoir dépensé tout l'argent trouvé dans l'arbre, il utilise le briquet pour allumer une chandelle. À ce moment, des chiens magiques apparaissent et réalisent ses souhaits. Il obtient ainsi plus d'argent et la possibilité de voir la princesse amenée par les chiens magiques pendant la nuit, sans qu'elle en ait conscience. Le roi et la reine, inquiets de voir leur fille disparaître pendant son sommeil, découvrent grâce à un stratagème les manœuvres du soldat et le font arrêter, sans qu'il ait pu récupérer le briquet magique. Le jour de son exécution, il parvient à reprendre son briquet grâce à l'aide d'un jeune apprenti cordonnier, et profitant de la grâce qu'on lui accorde de fumer une dernière fois avant sa pendaison, il fait apparaître les chiens magiques qui lui permettent de se débarrasser de tous ses ennemis dont le roi et la reine. Il est ensuite proclamé roi par le peuple et les soldats et épouse la princesse puis donne un grand banquet où tous les chiens magiques sont réunis.

La princesse sur le pois

Un jeune prince cherche à se marier mais est déçu par les princesses qu'il côtoie. Une nuit, une jeune fille qui se dit princesse vient chercher refuge au château. La reine cherche à l'éprouver et fait placer sous une vingtaine de matelas et d'édredons un petit pois dans le lit de la princesse. Le lendemain, comme on lui demande comment elle a dormi, la princesse avoue avoir été très gênée par un objet placé sous le matelas. C'est ainsi que le prince, satisfait d'avoir trouvé une véritable princesse, décide de l'épouser.

Les fleurs de la petite Ida

La petite Ida se plaint que les fleurs se fanent vite. Un jeune étudiant lui explique que les fleurs sont épuisées car elles vont danser toutes les nuits au château du roi. Il lui fait croire que les fleurs bougent elles-mêmes et sont capables de communiquer entre elles par des gestes. Un conseiller à la cour réprouve les affabulations de l'étudiant et regrette que la petite fille croie n'importe quoi. La nuit venue, Ida met ses fleurs avec sa poupée Sophie pour qu'elles se reposent et s'endort. Pendant la nuit, elle se réveille et entend de la musique. Elle découvre ensuite que les fleurs ont quitté le lit et sont en train de danser. Une poupée prenant les traits du conseiller de chancellerie désapprouve cette attitude et la critique ouvertement. Plus la nuit avance, plus les fleurs viennent participer au grand bal. Le lendemain, Ida découvre ses fleurs mortes dans le berceau de sa poupée Sophie. Elle décide de les enterrer en les mettant dans un faux cercueil et organise la cérémonie de manière solennelle avec l'aide de ses deux jeunes cousins.

La petite sirène

Dans le monde sous-marin, une jeune sirène se languit d'avoir quinze ans pour avoir le droit de découvrir le monde humain. Les récits de ses grandes sœurs la poussent à désirer voir la surface. À quinze ans, elle a la permission de sortir de l'eau et observe les bateaux. Elle tombe amoureuse d'un jeune prince et le sauve de la noyade au cours d'une tempête. Il ne gardera d'elle qu'un souvenir diffus de sa voix enchanteresse. La jeune sirène veut devenir humaine et va donc demander de l'aide à la sorcière de la mer qui lui donne un breuvage magique qui transformera sa queue de poisson en jambes, mais elle doit renoncer à sa voix. La sirène apprend qu'elle ne pourra jamais revenir dans le monde sous-marin mais accepte cette séparation. De plus, si la sirène n'obtient pas l'amour d'un humain, elle mourra. Devenue humaine, la sirène est recueillie dans le château du prince qui se met à l'aimer mais qui a la nostalgie de la sirène qui l'a sauvé du naufrage. Le prince décide de se marier mais choisit une princesse voisine et la petite sirène est au désespoir. Ses sœurs lui proposent un marché pour éviter qu'elle ne meure : il s'agit de tuer le prince, ce qui lui permettra de redevenir sirène. La petite sirène ne parvient pas à s'y résoudre et elle est emportée au ciel par des esprits de l'air qui l'adoptent. Elle devra accomplir de bonnes actions auprès des hommes et notamment des enfants en attendant de trouver la paix.

Les nouveaux habits de l'empereur

Un empereur très coquet ne s'intéresse qu'à acquérir de nouveaux vêtements. Des escrocs prétendent pouvoir lui confectionner un habit avec des fils invisibles. Il accepte naïvement la proposition et toutes les personnes qu'il envoie observer le travail n'osent pas dire qu'elles ne voient rien et flattent le souverain. Lui-même n'ose pas dire qu'il ne voit pas le vêtement. Un jour de parade, il se présente devant le peuple avec ses habits invisibles et un enfant dit tout haut qu'il n'a aucun vêtement. Le peuple le répète mais l'empereur continue comme si de rien n'était pour éviter le ridicule.

Le vaillant soldat de plomb

Un enfant reçoit en cadeau une boîte de vingt-cinq soldats de plomb. Parmi eux, il y en a un à qui il manque une jambe. Animé, le soldat tombe amoureux d'une danseuse en papier qui figure parmi les jouets de l'enfant. À cause d'un troll, le soldat tombe par la fenêtre dans la rue, est récupéré par des enfants qui le mettent sur un bateau en papier. Il atterrit dans les égouts puis dans la mer où il est avalé par un poisson. Le poisson est ensuite pêché et éventré et le soldat retrouve son foyer d'origine. Malheureusement, il est jeté au feu par l'enfant et fond peu à peu, mais la danseuse en papier poussée par le vent le rejoint et se consume avec lui.

Les cygnes sauvages

Un roi a onze fils et une fille, Élisa. Il se marie avec une femme qui déteste les enfants et qui transforme les garçons en cygnes sauvages qui s'envolent hors du palais. La reine devient jalouse d'Élisa qui embellit avec l'âge. Quand Élisa a quinze ans, elle est maltraitée par la reine et s'enfuit dans une forêt où elle retrouve les cygnes sauvages qui l'invitent à les suivre dans un pays merveilleux. Elle est transportée dans les airs par les oiseaux et passe devant le palais magique de la fée Morgane qui lui indique comment faire pour que ses frères retrouvent définitivement leur forme humaine. Elle doit ramasser des orties qui lui brûlent les mains pour tisser des cottes de mailles pour ses frères, sans dire un mot.

Elle est recueillie par le roi du pays dans lequel elle atterrit. Il la trouve très belle et l'épouse mais elle ne peut toujours rien dire pour sauver ses frères. Accusée de sorcellerie par l'archevêque qui ne l'aime pas, elle est arrêtée et emprisonnée. Condamnée à être brûlée vive, Élisa est sauvée in extremis par les cygnes sauvages venus la secourir. Elle parvient à leur donner leurs cottes de mailles magiques, ce qui leur redonne leur aspect humain. Elle proclame alors son innocence et retrouve ses frères et une forme d'harmonie.

Le rossignol

L'histoire se déroule en Chine à la cour de l'empereur. L'empereur entend parler d'un rossignol dont le chant est merveilleux. Il ordonne qu'on le lui amène et le rossignol doit chanter pour lui. En entendant l'oiseau, l'empereur verse des larmes de joie et il écoute l'oiseau de plus en plus. L'oiseau devient célèbre mondialement et on envoie un jour à l'empereur un rossignol mécanique qui chante divinement lui aussi. Le véritable rossignol, lassé, finit par s'en aller et il est proscrit du royaume, l'empereur écoutant en permanence l'oiseau mécanique. Bien plus tard, l'empereur tombe malade et la mort va bientôt l'emporter quand le vrai rossignol revient et chante pour lui. Il repousse ainsi la mort et continuera à chanter pour l'empereur à condition que cela reste un secret.

Le vilain petit canard

Parmi une couvée de jeunes canetons se trouve un petit canard plus grand et plus laid que ses frères et sœurs. Il est en proie aux moqueries répétées de ses frères et d'autres canards, mais sa mère le défend et parie qu'il deviendra très beau en grandissant. Il s'enfuit et rencontre des oies sauvages qui se moquent aussi de lui. Habitué à être méprisé, il rencontre un jour des cygnes et leur demande de le tuer. Mais les cygnes le reconnaissent comme un des leurs et l'intègrent dans leur communauté. Le jeune cygne s'étonne lui-même de son bonheur et reconnaît que ses épreuves passées lui ont été nécessaires pour mieux goûter son bonheur présent.

Le sapin

Un jeune sapin se languit de grandir dans sa forêt et est très curieux de découvrir le monde. Il envie les autres arbres qui sont coupés par des bûcherons et emmenés hors de la forêt. Des animaux l'entretiennent dans cette image d'un ailleurs passionnant. Un jour, il est coupé par des bûcherons et transporté dans une maison pour les fêtes de Noël. Tout heureux de découvrir le monde humain, il veut participer aux histoires racontées aux enfants et aux activités des fêtes mais il ne peut véritablement le faire. Des souris discutent avec lui et l'appellent vieux sapin, ce qu'il refuse. Un jour vient où on le sort de la maison et où on le débite pour faire du feu. Juste avant cela, il prend conscience qu'il est usé et il regrette son passé et de ne pas avoir assez profité de sa jeunesse.

La reine des neiges

Première histoire : un troll maléfique, le diable, décide de créer un miroir qui transforme la beauté en laideur. Il le mène dans le ciel mais le miroir se brise et les morceaux de verre se répandent dans le monde entier et entrent parfois dans les yeux et les cœurs de certaines personnes, leur faisant tout voir sous un mauvais jour.

Deuxième histoire : deux enfants qui s'aiment beaucoup, Kay et Gerda, vivent l'un à côté de l'autre. Ils entendent leur grand-mère raconter des histoires dont celle de la reine des neiges. Un jour, le jeune garçon Kay reçoit un morceau de verre magique dans l'œil et se met à tout dédaigner et critiquer. Il préfère notamment les cristaux de neige aux fleurs du jardin. Un jour de neige, il sort se promener en traîneau et rencontre la reine des neiges qui l'embrasse plusieurs fois et l'emmène dans son pays.

Troisième histoire : la petite Gerda s'interroge sur l'absence de Kay et redoute qu'il ne soit mort. En le cherchant, elle va vers la rivière, monte dans une barque qui se met à dériver. Elle finit par arriver très loin de chez elle et elle est recueillie par une vieille magicienne qui l'accueille chez elle et l'emmène dans un jardin miraculeux et magique où Gerda se met à parler avec des fleurs. Elle finit ensuite par quitter la maison de la vieille femme et se rend compte que dehors c'est l'automne et qu'elle a passé beaucoup de temps loin de chez elle. Elle s'avance dans la nature de cette saison, repensant à la grand-mère et à Kay.

Quatrième histoire : Gerda continue à chercher Kay et rencontre une corneille qui lui parle d'une princesse cherchant un fiancé intelligent. Gerda est persuadée que Kay est venu rencontrer cette princesse. Avec l'aide de la corneille, elle pénètre dans le château mais voit que le prince choisi n'est pas Kay. Elle repart ensuite dans un beau carrosse avec la corneille à la recherche de Kay, refusant de rester dans ce château.

Cinquième histoire : Gerda est arrêtée par des brigands qui immobilisent son carrosse. Ils veulent la tuer pour la dépouiller mais la petite fille de la cheffe des brigands se prend d'amitié pour elle. Elle est gâtée et veut lui prendre toutes ses affaires, elle la menace également de son couteau et cherche à lui faire peur, tout en essayant de nouer une amitié avec elle. Pendant la nuit, des pigeons avertissent Gerda qu'ils ont vu Kay emporté par la reine des neiges ; le lendemain, Gerda part avec un vieux renne pour le royaume de la reine des neiges en Laponie.

Sixième histoire : arrivée en Laponie, elle rencontre une femme qui lui conseille d'aller voir une Finnoise, car la reine des neiges habite au Finnmark. La Finnoise lui confirme que Kay est aimé de la reine des neiges car il a dans l'œil ce morceau de verre magique du miroir diabolique, ce qui l'empêche de redevenir pleinement humain. Gerda s'avance vers le palais de la reine des neiges.

Septième histoire : dans le palais de la reine des neiges, Kay est retenu plus ou moins prisonnier, envoûté. Au moment où la reine s'absente, Gerda entre dans le palais et retrouve Kay. En chantant un air ancien, elle le fait pleurer, ce qui lui permet de se débarrasser du morceau de verre enchanté coincé dans son œil. Grâce au renne, ils quittent le palais de la reine des neiges et reviennent dans leur pays en repassant par les différentes étapes du voyage de Gerda. Une fois de retour, ils vivent dans la joie et retrouvent la grand-mère. Ils sont devenus adultes mais restent enfants dans leur esprit.

La bergère et le ramoneur

Une bergère et un ramoneur de porcelaine, deux bibelots qui sont à côté l'un de l'autre, s'aiment. Un sergent à pieds de bouc figurant sur une armoire veut épouser la bergère et demande sa main à son grand-père, un vieux Chinois en porcelaine. Le vieux Chinois accepte mais la bergère refuse et s'enfuit avec le ramoneur. En essayant de les rattraper, le vieux tombe et se brise. La bergère et le ramoneur grimpent dans une cheminée et contemplent le ciel depuis un toit. Au bout d'un moment, la bergère, lassée de ce monde trop vaste, veut rentrer chez elle. À leur retour, ils découvrent le vieux brisé et regrettent sa chute, mais ils espèrent que les propriétaires le recollent. C'est ce qui arrive et le vieux Chinois ne peut plus hocher la tête à cause d'une attache qui le maintient bien droit. La bergère et le ramoneur vivent donc heureux ensemble jusqu'à ce qu'ils se cassent.

L'ombre

Un savant nordique séjourne dans un pays chaud. Il voit par sa fenêtre une jeune femme dans l'immeuble d'en face mais elle disparaît. Le savant s'amuse à parler à son ombre et constate un matin qu'il n'a plus d'ombre. Peu après, une deuxième ombre repousse et il repart dans son pays, comme si de rien n'était. Quelques années plus tard, le savant reçoit la visite de son ancienne ombre qui est devenue un homme en chair et en os et assez opulent. L'ombre lui raconte qu'il s'est détaché du savant et est allé voir la jeune fille qui était en fait la Poésie. Après cette rencontre, il est devenu pleinement humain et a connu un succès grandissant. Le savant décline peu à peu, mais son ombre est de plus en plus prospère et prend l'ascendant sur lui. L'ombre emmène son ancien maître en voyage et le fait passer pour sa propre ombre. La princesse du pays qu'il visite tombe amoureuse de l'ombre et lui propose un mariage ; l'ombre propose à son tour à son ancien maître de prendre sa place comme ombre, ce à quoi se refuse le savant. L'ombre finit par épouser la princesse et triomphe totalement, alors que le savant a été assassiné.

La goutte d'eau

Un vieux magicien observe une goutte d'eau à travers un verre réfléchissant et voit tout un monde se battre et s'entre-dévorer. Il ajoute du sang de sorcière, ce qui colore en rose les personnages dans la goutte d'eau et leur donne un aspect humain. Il invite un de ses confrères à regarder à son tour : les personnes vivant dans la goutte d'eau se battent et s'entre-tuent car elles ne supportent pas ce qui est différent d'elles. Quand on lui demande ce que cela représente, le deuxième magicien dit qu'il s'agit de Copenhague, la capitale du Danemark, alors que c'est de l'eau du fossé.

La petite fille aux allumettes

Une petite fille pauvre erre dans les rues enneigées le dernier soir de l'année. Elle n'a vendu aucune allumette et craint de rentrer chez elle, de peur d'être battue. En craquant des allumettes, elle découvre ce qui est derrière les murs des maisons et a des visions merveilleuses : elle voit un poêle en fer chauffer, une oie rôtie tombe vers elle ; puis elle revoit sa grand-mère, morte depuis des années, qui vient la consoler et qui l'emmène au paradis. Le lendemain, on découvre son cadavre gelé et personne ne sait ce qu'elle a vu avant de mourir.

Le faux col

Un faux col d'un élégant cavalier rencontre une jarretière au cours d'une lessive et cherche à l'épouser. Elle refuse mais le faux col ne cesse alors de courtiser tous les objets qu'il voit, un fer à repasser, des ciseaux. Tous l'abîment pour le punir. À la fin, il est jeté avec des chiffons et ne cesse de se vanter de ses conquêtes amoureuses. Il finit par être transformé en papier blanc, le papier sur lequel est inscrite l'histoire. Le conteur adresse un avertissement aux enfants : ne soyez pas vantard comme le faux col pour ne pas finir comme lui.

La cloche

On entend retentir une cloche au son formidable mais personne ne comprend d'où cela vient. Des villageois se mettent à chercher dans la forêt d'où peut venir le son mais personne ne réussit à voir la cloche. Des enfants se mettent eux aussi à chercher, dont un communiant pauvre et le fils du roi. Le fils du roi propose au pauvre de chercher ensemble mais l'enfant pauvre refuse et propose qu'ils cherchent chacun de leur côté. Le prince s'enfonce dans la forêt qui devient de plus en plus extraordinaire. Le soir venant, il monte au sommet de rochers et découvre la mer. À ce moment, il retrouve le garçon pauvre et ils deviennent amis en contemplant la nature. C'est à ce moment que la cloche retentit dans le ciel, invisible.

Une image vue depuis le rempart de la citadelle

Le narrateur décrit la nature agréable et le chant des oiseaux qu'un prisonnier mauvais entend depuis sa cellule. Tout le monde profite de ce chant, bon ou méchant.

Un caractère gai

Le narrateur qui s'exprime à la première personne revendique un gai caractère hérité de son père, conducteur de corbillard. Il se décrit comme solitaire mais joyeux et raconte la vie des morts enterrés au cimetière, lors d'une promenade.

Une peine de cœur

Une vieille dame vient acheter des parts d'une tannerie ; elle est accompagnée de son vieux chien, un carlin qui grogne. Le chien meurt et les enfants de la propriétaire de la tannerie proposent de faire visiter sa tombe pour un bouton de bretelle. Les gens défilent devant la tombe du chien mais une fille pauvre ne peut pas entrer car elle n'a pas de bouton, elle assiste de loin au spectacle, en regrettant de ne pas pouvoir entrer.

Chaque chose à sa place

Un châtelain très arrogant s'amuse à pousser hors du chemin une pauvre gardeuse d'oie en criant « chaque chose à sa place ». La jeune fille est secourue par un marchand ambulant qui la console en plantant devant elle une branche de saule. Le marchand ambulant se rend au château mais il est humilié par le châtelain. Six ans plus tard, le châtelain ruiné doit quitter son domaine, racheté par le marchand ambulant qui est devenu riche entre-temps. Il épouse la gardeuse d'oie et ils constatent que la branche de saule a bien poussé et est devenue un bel arbre. Des années plus tard, les descendants de ces nouveaux châtelains n'exposent pas les tableaux de leurs ancêtres et préfèrent mettre des portraits de nobles dans leur château. On se met à tailler une flûte dans le saule planté par l'ancêtre et quand on en joue, chaque chose et chacun reviennent à leur place. Les portraits de la gardeuse d'oie et du marchand ambulant prennent place dans la galerie des ancêtres.

Le lutin chez le charcutier

Dans un même immeuble vivent un pauvre étudiant et un riche charcutier. Un jour, l'étudiant découvre une page d'un livre merveilleux utilisé par le charcutier pour emballer ses produits. Il achète le livre au charcutier et s'en délecte. Un lutin habitué à vivre chez le charcutier car il lui offre régulièrement une bonne bouillie beurrée développe une certaine curiosité à l'égard du pauvre étudiant et vient l'espionner. Du livre lu par le jeune homme s'échappent des lueurs, des arbres, bref de la poésie, ce qui émeut fortement le lutin, partagé pourtant entre son attachement pour la bouillie du charcutier et son goût pour l'étudiant. Une nuit, un incendie se déclare et le lutin vient sauver le livre de l'étudiant, il se partagera désormais entre les deux hommes, conciliant son intérêt pratique et ses aspirations intellectuelles et esthétiques.

En regardant par une fenêtre à Vartou

À l'hospice de Vartou, derrière les remparts de Copenhague, une vieille fille se met à repenser à sa vie en regardant des jeunes enfants jouer. Les enfants pauvres jouent joyeusement, oubliant leur misère, mais le temps passe vite et la vieille fille se souvient qu'elle a failli épouser un jeune homme mais malheureusement, elle a dû rester célibataire après la mort de son fiancé. Hélas, la vieille fille a l'impression que son histoire va se répéter chez les enfants qu'elle observe.

Elle n'était bonne à rien !

Le maire accuse sa domestique de n'être bonne à rien devant son fils car elle est alcoolique. L'enfant amène à sa mère une bouteille pour qu'elle puisse se réchauffer car elle lave le linge dans l'eau froide au lavoir depuis six heures. Elle rentre avec son fils en titubant et tout le monde la traite de bonne à rien. Elle tombe malade, s'alite et repense à son passé. Elle a eu une aventure avec le frère du maire quand il était étudiant, puis elle s'est mariée avec un brave gantier plus vieux qu'elle. Ses affaires marchaient bien mais le malheur a commencé à s'abattre sur elle : son mari est mort peu après la naissance de son fils, elle s'est mise à laver pour gagner sa vie et élever son fils. Le lendemain, alors qu'elle se croyait remise, elle fait un malaise quand elle rentre dans l'eau froide du lavoir et finit par mourir. Juste à ce moment, le maire reçoit une lettre indiquant la mort de son frère l'étudiant qui lègue de l'argent à la lavandière. Le maire décide de placer cette somme pour le fils orphelin mais rappelle au garçon que sa mère n'était bonne à rien. Au cimetière, le fils demande à sa mère morte si elle était vraiment bonne à rien et une vieille fille lui répond que c'est faux et que la lavandière est au paradis.

Le vent raconte l'histoire de Valdemar Daae et de ses filles

Le vent raconte l'histoire de Valdemar Daae qui possède un beau manoir et une grande et noble famille. Un jour, Valdemar Daae veut construire un navire et doit faire abattre des arbres dans la forêt mais sa fille refuse qu'il n'abatte les arbres qui servent de refuge à des oiseaux. Ses filles grandissent et Valdemar en est très fier. Il finit par perdre sa fortune et doit hypothéquer son manoir. Mais il se livre à l'alchimie et croit avoir fabriqué de l'or. Plus tard, il est chassé de son manoir et part sur les routes avec ses filles. L'une épouse un homme de basse condition, l'autre tombe à la mer, alors qu'elle s'était embarquée déguisée en homme. La plus jeune fille qui avait voulu protéger la cigogne dans la forêt est recueillie par une cigogne qui lui accorde un toit jusqu'à sa mort.

Une histoire des dunes

Au cours d'un naufrage, une femme échoue sur une plage danoise, alors qu'elle était l'épouse d'un riche ambassadeur. Elle donne naissance à un garçon mais meurt tout de suite après. L'enfant est recueilli par un couple de pêcheurs qui avaient perdu leur fils cinq ans auparavant. Le jeune Jorgen grandit peu à peu dans son village au milieu des dunes et tombe amoureux d'une jeune fille, Else, qui lui annonce un jour qu'elle va en épouser un autre, nommé Morten. Jorgen essaie de rivaliser avec Morten mais rien n'y fait. Un jour qu'il est en mer, on l'accuse du meurtre de Morten, retrouvé poignardé, et on l'arrête. Il est emprisonné pendant un an, puis on le relâche car on a trouvé le véritable assassin entre-temps. Il se rend à Skagen où il travaille comme pêcheur. Un jour qu'il se trouve sur un bateau avec une jeune fille nommée Clara, il fait naufrage. Il nage jusqu'au rivage avec le corps de Clara mais hélas, elle est morte noyée. Il tombe malade et sort durablement amoindri mentalement de cette épreuve. Bien plus tard, lors d'une tempête, il se réfugie dans une église et voit les morts venir danser devant lui. Il meurt à ce moment et est recouvert de sable.

Le bonhomme de neige

Un bonhomme de neige se parle à lui-même, évoque le Soleil et la Lune sans savoir ce que c'est. Il rêve de bouger, de changer de lieu. Il discute avec un vieux chien de garde qui lui apprend ce que sont la Lune et le Soleil. Il fait de plus en plus froid et la nature devient très belle en hiver. Une petite fille remarque le bonhomme de neige et le trouve très beau. Le chien de garde lui apprend qui sont les humains ; le chien raconte comment il était choyé quand il était petit et comment il a été mis dehors à la niche quand il a mordu un enfant. Le bonhomme de neige rêve de rentrer dans la maison évoquée par le chien. Il tombe amoureux du poêle qui chauffe à l'intérieur mais ne peut le voir ni l'atteindre. Le dégel arrive et le bonhomme de neige fond peu à peu. On découvre qu'il avait une raclette de poêle à l'intérieur, ce qui explique son attirance pour le poêle. Les enfants jouent et chantent et plus personne ne pense au bonhomme de neige.

Le moulin à vent

Un moulin à vent semble très fier de lui et vante ses mérites dans un monologue totalement égocentrique. Mais un jour, il brûle et il n'en reste rien. Un nouveau moulin est reconstruit mais plus moderne.

Le crapaud

Une famille de crapauds vit dans un puits avec des grenouilles qui leur reprochent leur laideur. La mère défend ses petits contre les insultes et rappelle qu'un de ses enfants a une pierre précieuse dans la tête. Un jeune crapaud rêve de sortir du puits pour découvrir le monde. Un jour, il parvient à sauter dans le seau et arrive à la surface. Il découvre le monde, le fossé, s'aventure et croise plusieurs animaux : une chenille, des poules, d'autres grenouilles. Il veut à chaque fois aller plus haut et ne se décourage jamais. Il croise deux étudiants qui veulent le mettre dans de l'alcool et le disséquer mais il leur échappe. Il écoute les discours de cigognes évoquant l'Égypte, leur terre d'origine, ce qui lui donne envie d'y aller. Naïf, il s'approche d'une mère cigogne qui s'empare de lui et le tue. La pierre précieuse qu'il avait dans la tête, c'est en fait le désir de connaître et de progresser, qui ne disparaît pas avec lui mais gagne le monde.

Ce qu'on peut inventer

Un jeune poète se désespère car il ne parvient pas à trouver de sujets pour écrire et vivre de sa plume. Il a l'impression que tout a déjà été dit et qu'il vient trop tard. Désespéré, il va voir une guérisseuse qui le rassure : il y a encore de quoi écrire à l'époque présente. Elle lui prête ses lunettes et son cornet acoustique pour qu'il puisse réaliser son rêve. Grâce à ces ustensiles, il entend l'histoire que lui racontent une pomme de terre puis un prunellier. Il entend ensuite les histoires de la foule quand il se rapproche des gens. Malheureusement, il ne trouve plus aucun sujet quand il est obligé de rendre à la guérisseuse ses affaires ; elle lui recommande donc de critiquer les autres poètes, de prendre leur contre-pied s'il ne trouve pas de sujet personnel. C'est ce qu'il fait et il devient donc poète comme il le souhaitait.

Le bonheur peut se trouver dans un bout de bois

Un homme pauvre réparateur de parapluie se plaint de ne jamais pouvoir trouver le bonheur. Un jour, il doit réparer un parapluie mais ne trouve pas de pièce adéquate. Il va donc utiliser une petite poire en bois qu'il avait fabriquée pour ses enfants. Cela plaît beaucoup et il doit subitement en fabriquer énormément. Il fait fortune et réalise que le bonheur peut se trouver dans un bout de bois. Le conteur lui-même s'interroge sur le bonheur et réalise que s'il rend les enfants joyeux en écrivant ses contes, alors il a lui-même trouvé la félicité.

Les bougies

Deux bougies, une en cire et l'autre en suif, attendent une soirée importante. La bougie en cire est prétentieuse, fière d'elle et elle servira à éclairer les habitants d'une maison riche pendant une fête. La bougie en suif, de moins bonne qualité, est donnée par la mère de la maison riche à un petit garçon pauvre qui l'emmène chez lui. Là, la bougie voit beaucoup de bonheur parmi les enfants à qui on a servi des pommes de terre chaudes. La mère pauvre, après avoir couché ses enfants, travaille à sa couture à la lueur de la bougie de suif, bien contente d'avoir connu autant d'harmonie et de joie dans ce pauvre foyer.

Le grand serpent de mer

Un petit poisson de mer de bonne famille voit un immense câble télégraphique au fond de l'océan et se demande ce que c'est. Il interroge d'autres habitants des profondeurs marines mais personne ne peut le lui dire précisément. Un phoque qui a déjà vu les hommes à la surface pense que c'est un grand serpent de mer. Le petit poisson veut en savoir plus et plonge au fond pour comprendre, découvrant ainsi les profondeurs du monde marin. Il rencontre une baleine, un requin, une anguille, un loup qui ne savent pas comment réagir face à ce câble. Le petit poisson, loin d'être agressif envers le câble, est admiratif. Le narrateur termine en louant ce câble qui est un beau symbole du progrès humain.

Le jardinier et ses maîtres

Un jardinier talentueux nommé Larsen fait pousser des fruits et des plantes exceptionnels qui étonnent tout le monde et surtout ses maîtres. Larsen fait dresser un mât avec le drapeau danois pour remplacer des arbres abattus par un orage. Ses maîtres sentent l'influence de Larsen dans leur jardin mais l'acceptent tel quel.

Ce que racontait la vieille Johanne

La vieille Johanne se souvient de sa jeunesse. Elle avait pour ami un jeune garçon nommé Rasmus, fils d'un tailleur pauvre mais méritant. Enfant,

Rasmus était très gai et alerte, tout comme Johanne, mais à l'adolescence, il tombe amoureux d'Else, la fille d'un riche paysan. Pauvre, il ne peut prétendre à l'épouser, même si Else est amoureuse de lui. Dépité, il décide de partir et de voir du pays mais il revient bien plus tard malade chez sa mère. Entre-temps, Else avait consulté la magicienne Stinne pour le faire revenir grâce à un sortilège. Rasmus guérit mais sombre dans la déprime et la misère, à tel point qu'on le surnomme Rasmus le pouilleux. Il est la risée de tous les enfants mais Johanne lui conserve son amitié. À la fin du conte, Rasmus meurt enfin et Johanne se souvient de sa vie.

La clef de la porte d'entrée

Un chambellan danois amateur de livres et d'art a en sa possession une clef de porte d'entrée qui lui semble magique et il lui pose des questions en permanence. Le chambellan et sa femme se rapprochent d'une jeune femme, une actrice, Lotte-Lene. Après avoir perdu sa femme, le chambellan finit par épouser la jeune actrice, sur les conseils de sa clef.

L'invalide

Une riche famille de châtelains aime faire le bien autour d'elle et distribue cadeaux, vêtements et victuailles aux pauvres vivant à côté d'elle. Ils font notamment la charité à leur aide-jardinier et à sa femme qui ont quatre enfants dont un invalide qui reste au lit toute la journée. L'invalide, qui s'appelle Hans, lit un livre de contes offert par les riches voisins et raconte certaines histoires à ses parents. Ces histoires leur permettent de mieux comprendre leur situation et d'accepter plus aisément leur sort. Cela leur procure un réel plaisir et une consolation. Le maître d'école apprend qu'Hans lit des histoires à ses parents et vient le voir plusieurs fois. Il obtient ensuite des châtelains des cadeaux pour Hans et sa famille. Hans reçoit notamment un bel oiseau dans une cage placée dans sa chambre. Un jour, le chat de la maison essaie de manger l'oiseau et attaque la cage. Furieux, Hans se lève pour sauver l'oiseau qui meurt hélas de peur, mais Hans réalise avec joie qu'il peut marcher. Cela provoque une grande félicité chez ses parents et chez les châtelains qui l'accueillent avec grand plaisir. Hans décide de partir faire des études pour devenir maître d'école et ses parents sont ravis. Pour eux, c'est la preuve que Dieu s'occupe aussi des enfants pauvres et que les contes servent à quelque chose.

Tante Mal-aux-dents

Le narrateur explique qu'il a trouvé cette histoire dans un tonneau où se trouvent des papiers en vrac servant d'emballage pour les commerçants. Elle a été écrite par un étudiant, depuis décédé. L'étudiant raconte sa relation avec sa tante Mille qui le considère comme un poète et l'encourage à écrire. Mais une nuit de tempête, une créature maléfique vient assaillir le jeune homme en le menaçant de s'attaquer à ses dents s'il se met à écrire. Pour éviter toute rage de dents, il promet de ne plus rien écrire mais il raconte quand même cette histoire. On n'a pas trouvé la suite de l'histoire dans le tonneau.

Sous-partie 3

Wole Soyinka, *Aké les années d'enfance*

Fiche 5

Wole Soyinka (né en 1934)

1. Un enfant africain entre deux cultures

Wole Soyinka naît le 13 juillet 1934 à Abeokuta, en Afrique de l'Ouest, dans une colonie britannique qui deviendra le Nigéria en 1960. Contrairement à Rousseau et Andersen qui étaient issus de milieux très populaires et peu cultivés, Wole Soyinka est le fils d'un directeur d'école et d'une marchande qui sont considérés comme des notables dans leur communauté. En revanche, comme Hans Christian Andersen et Jean-Jacques Rousseau, il reçoit très jeune une forte éducation protestante. Très tôt, le jeune garçon développe un intérêt pour les livres mais aussi pour sa culture d'origine, la culture yoruba.

Après des études au lycée d'Abeokuta puis au Lycée National où il fait l'expérience de l'enseignement britannique, comme beaucoup de membres des élites locales nigérianes, il poursuit sa formation à l'université d'Ibadan (il racontera cette période clé de son existence dans *Ibadan les années pagaille*, autobiographie qui est la suite d'*Aké les années d'enfance*), puis va ensuite étudier en Angleterre, à Leeds puis à Londres à la fin des années 1950. Il a donc bénéficié d'une double culture car il a gardé un lien très fort avec la culture africaine traditionnelle mais s'est aussi familiarisé avec la culture européenne tout au long des dernières années de la période coloniale.

2. Un dramaturge, poète, essayiste et romancier engagé contre le colonialisme

Dès ses premières années d'étude à l'université, Wole Soyinka va développer un goût prononcé pour les arts dramatiques. Il fonde ainsi plusieurs compagnies théâtrales dont une troupe nommée « 1960, Masks drama troupe » où il met au centre le masque qui est un élément clé dans la culture traditionnelle africaine et va écrire des pièces mais aussi mettre en scène des spectacles, parallèlement à ses activités universitaires (il enseigne dans plusieurs universités africaines puis étrangères, dont de prestigieuses universités américaines).

Très tôt, le jeune Soyinka va prendre conscience des méfaits de la colonisation britannique et ressentir une forme de racisme plus ou moins affirmé. À 18 ans, en 1952, il crée dans son université d'Ibadan une association anticoloniale, « The Pyrate ». Il combat le colonialisme jusqu'en 1960, quand le Nigéria obtient son indépendance, tout comme les autres territoires d'Afrique noire de l'empire britannique.

Mais sa lutte anticoloniale ne s'arrête pas là : il fait partie d'une génération plus active contre le colonialisme que la génération précédente qui avait forgé le concept clé de « négritude ». En effet, la négritude consistait à reprendre l'insulte habituelle lancée par les Blancs contre les Noirs « nègre » pour l'affirmer et la revendiquer fièrement. Ce mouvement avait été lancé dès l'après-guerre par le poète, dramaturge et député martiniquais Aimé Césaire (1913-2008) et le poète et homme d'État sénégalais, Léopold Sédar Senghor (1906-2001), devenu président du Sénégal en 1960. Ces deux acteurs importants de la lutte anticoloniale avaient été eux-mêmes, comme Soyinka, éduqués à l'occidentale dans les plus prestigieuses institutions françaises (École normale supérieure pour Aimé Césaire, Sorbonne pour Senghor). Soyinka propose une approche plus offensive, moins intellectuelle et invente le concept de « tigritude » pour concurrencer la « négritude » de ses aînés : pour lui, la négritude est insuffisante, trop verbale, et il faut agir : provocateur, il lance cette fameuse boutade : « Un tigre ne proclame pas sa tigritude. Il bondit sur sa proie et la dévore. »

3. Un combattant en faveur de la démocratie

Après l'indépendance, Wole Soyinka ne cesse pas son engagement politique : bien au contraire, il milite en faveur de la démocratie, car son pays connaît une situation très instable. En effet, le Nigéria naissant a des difficultés à mettre en place des régimes démocratiques issus d'élections régulières et il n'est pas rare que des coups d'État militaires renversent les dirigeants civils élus. Cette instabilité, fréquente à l'époque dans les pays récemment décolonisés, durera jusqu'à la fin du XXe siècle au Nigéria, pourtant considéré comme le « géant de l'Afrique » de par sa population mais aussi grâce à son poids économique (deuxième ou première économie d'Afrique) et ses importantes ressources pétrolières.

Ainsi, en 1965, Wole Soyinka se rend dans les locaux de la radio nationale nigériane et appelle le peuple à ne pas reconnaître le premier ministre auto-proclamé de l'époque. Il substitue un discours qu'il a lui-même pré-enregistré où il exhorte le peuple à la désobéissance au discours officiel du dirigeant nigérian qui devait être diffusé sur les ondes. Cet acte séditieux lui vaut d'être recherché dans tout le pays et il revient sur cette première expérience de la clandestinité dans un ouvrage autobiographique intitulé *Il te faut partir à l'aube*. Il sera jugé pour cet acte mais l'instruction ayant multiplié les vices de procédure, il est finalement acquitté. Son aura grandit après ce premier acte politique.

Wole Soyinka n'aura de cesse de critiquer tous les régimes dictatoriaux qui se succèdent dans son pays. En 1967, une guerre éclate au Nigéria car une province du pays, le Biafra, veut prendre son autonomie et fait sécession, ce qui provoque une réaction très forte du pouvoir central. Wole Soyinka va prendre parti en faveur du Biafra, après avoir assisté à des massacres : il demande l'arrêt de la guerre mais il est arrêté et jeté en prison sans vrai procès. Il est libéré deux ans plus tard en 1969 et raconte son expérience carcérale très marquante dans un ouvrage autobiographique paru en 1972, *Cet homme est mort*. Après cette publication, Wole Soyinka doit fuir et connaît son premier exil. Il acquiert une réputation internationale et monte ses pièces en Angleterre et partout dans le monde.

Il poursuit son œuvre en écrivant de nombreuses pièces contre la colonisation, comme son chef-d'œuvre *La Mort et l'Écuyer du roi*, en 1975. Il écrit également des romans (*Les Interprètes* en 1965, *Une saison d'anomie* en 1973) où il dénonce avec beaucoup d'ironie les travers des sociétés africaines et les méfaits des régimes autoritaires, mais aussi des recueils de poèmes et des essais. Même s'il reste fidèle à sa culture yoruba d'origine en en reprenant les mythes et les traditions, Wole Soyinka utilise la langue anglaise pour ses écrits, c'est-à-dire le langage de l'ancienne puissance coloniale, afin de mieux diffuser sa pensée et son œuvre dans le monde.

4. Un auteur consacré et de renommée internationale

Sa réputation internationale grandit du fait de son œuvre et de son activisme politique. En 1986, à l'âge de cinquante-deux ans, il devient le premier écrivain d'Afrique noire à recevoir le prix Nobel de littérature. Depuis, d'autres auteurs d'Afrique noire recevront cette prestigieuse récompense mais ils seront tous Blancs (Nadine Gordimer, J.M. Coetzee).

Mais l'obtention du prix Nobel ne va pas freiner son activité politique : il dénonce toujours aussi férocement les dictatures du Nigéria, si bien qu'il doit s'exiler à soixante ans, lorsqu'il est condamné à mort par le régime du dictateur Sani Abacha, qu'il considère comme un « psychopathe ». Cet autocrate amènera d'ailleurs le Nigéria au bord du chaos et provoquera une misère considérable en refusant les règles du Fonds monétaire international et en détournant des centaines de milliards de dollars des ressources nationales vers des comptes personnels secrets en Suisse. Lorsqu'Abacha meurt, officiellement « d'une crise cardiaque », en 1998, Wole Soyinka revient dans son pays où il va lancer son propre parti politique, le Front démocratique pour une fédération des peuples, en 2010. Il reçoit de nombreuses récompenses internationales dans les années 2010, enseigne dans de prestigieuses universités anglophones et, après avoir survécu à un cancer du côlon, il se distingue par un acte militant fort : en 2016, il déchire sa carte de résident permanent aux

États-Unis, refusant d'enseigner dans le pays qui vient d'élire Donald Trump, qu'il considère comme un raciste. Il retourne donc en Afrique et enseigne à l'université de Johannesburg en Afrique du Sud depuis 2017.

Il est considéré aujourd'hui comme l'un des plus grands écrivains africains vivants.

Fiche 6

Les personnages d'*Aké les années d'enfance*

1. Structure de l'œuvre

L'ouvrage se présente clairement comme un récit autobiographique rétrospectif suivant l'ordre chronologique. Comme dans beaucoup d'autobiographies, il s'agit pour l'auteur qui est aussi le narrateur et le personnage principal d'expliquer comment il est devenu ce qu'il est, à savoir un écrivain célèbre pour son combat contre le colonialisme et son engagement politique. C'est donc un récit de la formation de sa personnalité, pour reprendre la célèbre définition de l'autobiographie proposée par le critique français Philippe Lejeune.

Le récit, composé de quinze chapitres, pourrait être scindé en deux grandes parties d'inégale longueur.

Une première partie raconte la première enfance du narrateur, avant que le jeune Wole n'aille au lycée et court jusqu'au chapitre XI. Sa vision du monde est alors dominée par la magie, l'incompréhension, et un rapport au monde émerveillé mais peu conscient. Il est essentiellement entouré par ses parents, ses frères et sœurs et les domestiques de la famille. C'est la partie où il rencontre le plus de personnages étranges et ridicules.

Cette grande partie est marquée par plusieurs étapes importantes qui correspondent à des phases dans l'évolution psychologique de l'enfant.

En effet, au chapitre VII, Wole prend conscience du changement et du passage du temps, sortant de l'impression d'intemporalité des débuts de la vie, ainsi que de la mort, à l'occasion du décès de sa petite sœur Folasade.

Au chapitre IX, à Isara, lieu où se trouve la résidence secondaire de la famille, il est initié suivant des rites ancestraux par son grand-père qui lui donne également quelques conseils pour la suite de sa vie et son entrée prochaine dans le monde des adultes.

Enfin, au chapitre XI, le jeune garçon est de nouveau confronté au danger de la mort, car son père, Essay, semble très malade et aux portes de la mort, mais il se remet miraculeusement à la fin du chapitre, après que son fils a lui-même contracté une forte fièvre. Cette proximité avec la mort semble le faire grandir et évoluer.

La deuxième partie présente un jeune garçon qui va au lycée, à partir de l'âge de neuf ans. Ainsi, le jeune Wole va quitter le cocon familial pour faire ses études au lycée local, où il fréquentera essentiellement le proviseur Daodu et sa femme, amis de la famille Soyinka. Il pourra s'affirmer au cours de cette deuxième partie, faire preuve de bravoure, d'endurance, face à ses camarades et à l'autorité des adultes. Il est plus indépendant et plus réfléchi, sa vision du monde a évolué et il est moins émerveillé par le monde qui l'entoure.

À partir du chapitre XIII, les réunions de femmes organisées par l'épouse du proviseur prennent une importance grandissante et Wole n'est plus en position centrale d'acteur mais il est plutôt le témoin puis le complice de ces actions qui deviennent de plus en plus politiques et anticolonialistes. Le récit s'achève quand le jeune garçon qui a onze ans et demi va entrer au Lycée National, tenu par les Britanniques, lieu de formation des élites locales mais sur modèle européen. À ce moment, le garçon, qui a beaucoup appris en observant le syndicat des femmes et ses dirigeantes, semble avoir pris conscience de son statut de colonisé et a perdu son innocence d'enfant.

2. Personnages

2.1 La famille Soyinka

Wole Soyinka : c'est l'auteur qui raconte lui-même sa jeunesse. Le lecteur le suit de ses trois ans à ses onze ans et demi, c'est-à-dire pendant son enfance, avant qu'il n'atteigne la pré-adolescence. Rêveur et vif d'esprit, bon élève à l'école, très questionneur, il vit dans le voisinage des livres de son père, s'isole pour lire, semble peu tenté par les combats et les épreuves de force, ce qui paraît le prédisposer à un profil d'intellectuel et de futur écrivain. Cependant, grâce à l'aide de sa famille et de ses éducateurs, il s'affirme progressivement, montre qu'il peut faire preuve de force et de courage, et comprend de mieux en mieux le monde qui l'entoure, sortant peu à peu de l'innocence pour développer une conscience d'adulte.

Ayo Soyinka dit « Essay » (cela vient de ses initiales prononcées en anglais, S pour Soyinka et A pour Ayo) : c'est le père de Wole. Directeur d'école à la mission, c'est un homme savant et respecté par l'ensemble de sa communauté, lié à des personnages puissants à Isara. Cet homme méthodique et sensé initie son fils à la lecture et semble plus complaisant à l'égard de Wole que sa mère Chrétienne Sauvage. Au milieu de l'ouvrage, il semble malade et presqu'au bord de la mort mais il retrouve la santé et soutiendra son fils pendant tout le livre. Il le pousse notamment à aller au Lycée National dirigé par les Blancs et à y entrer comme boursier, pour favoriser l'ascension sociale de son enfant. À la fin du livre, il assiste volontiers sa femme Chrétienne Sauvage dans sa lutte contre les percepteurs d'impôt et les autorités politiques du pays.

Eniola Soyinka dite « Chrétienne Sauvage » : c'est la mère de Wole. Elle tient une boutique dans la mission et semble très influente dans sa communauté. Son surnom assez oxymorique semble bien indiquer la dualité du personnage à la fois proche de la culture traditionnelle païenne et du christianisme. Généreuse de nature, elle recueille tous les enfants et entretient une large famille peuplée de cousins en plus de ses propres enfants. Elle est également présentée comme une femme sévère qui n'hésite pas à corriger son fils et à le secouer pour qu'il sorte de son état de rêverie permanente. À la fin du livre, elle dirige avec son amie Beere le syndicat des femmes et l'oriente vers une lutte contre le pouvoir colonial.

« Père » : c'est le grand-père du héros. Vivant à Isara, là où les Soyinka ont leur résidence secondaire, il représente la sagesse des anciens, très importants dans la culture africaine. Il prévient le jeune Wole de ce qu'il va trouver au Lycée National et l'exhorte à être fort et courageux face aux épreuves. Il fait figure d'éducateur, tout comme les parents de l'enfant, mais symbolise la tradition face à la modernité représentée par le lycée dirigé par les Blancs. C'est lui qui va faire pratiquer sur le jeune garçon une cérémonie ancestrale d'initiation où il le fait inciser aux chevilles.

Dipo : c'est le petit frère du héros. Tout au long du livre, il est présenté comme l'inverse de Wole : bagarreur et assez fonceur, il sera pourtant vaincu par Wole lorsqu'il le provoque au combat.
Tinu : c'est la sœur aînée du héros. Elle est souvent présentée comme celle qui s'occupe de lui quand il est tout petit et détient une posture d'autorité.

2.2 Les amis de la famille

Ransome Kuti, dit « Daodu » : ce révérend est un ami de la famille Soyinka et dirige le lycée local où le jeune Wole fait ses premières armes. Il s'occupe de Wole qui l'appelle « oncle ». Violemment opposé aux méthodes « modernes » du Lycée National, il incarne une forme de modèle éducatif traditionnel reposant sur la discipline, les châtiments corporels mais aussi un certain sens de la justice et de l'écoute. Charismatique et débonnaire, il est très respecté par les élèves et ses collègues ; il revient auréolé de gloire d'un voyage en Angleterre où il a poussé à ce qu'il y ait plusieurs universités dans les territoires britanniques d'Afrique de l'Ouest. Il est présenté comme un double du père qui parachève l'éducation du jeune garçon et aide énormément sa femme dans la direction du syndicat des femmes. Il favorise également le mouvement contre le pouvoir de l'Akalé et la hiérarchie coloniale.
Mme Beere Kuti : c'est l'épouse du proviseur. Elle enseigne également et va prendre une grande importance dans la fin du livre car elle organise chez elle le groupe de femmes qui va devenir le syndicat des femmes et qui portera de fortes revendications contre le pouvoir local et les autorités coloniales, une fois qu'elle sera revenue d'Angleterre. Charismatique et courageuse, elle s'impose comme chef du groupe de femmes. Elle est présentée comme un double de la mère car elle permet de terminer l'éducation de Wole. Contrairement à Chrétienne Sauvage, elle est plus douce et compatissante envers le jeune garçon.

2.3 Quelques personnages secondaires

L'Akalé : c'est un dirigeant local, un roi qui réside dans le palais d'Aké. Son pouvoir est traditionnel et il a un aspect assez paternaliste mais son ascendant s'avère finalement assez limité, car il n'a pas de marge de manœuvre par rapport aux autorités coloniales.

Bukola : c'est une petite fille qui vit dans la même mission que Wole. Elle est la fille du libraire, M. B., qui est un ami d'Essay. Elle est présentée comme le modèle même de l'enfant gâtée, qui fait des crises (d'épilepsie ?) dès que ses parents la contrarient. Pour Wole, elle a une certaine aura magique car il croit qu'elle va dans l'au-delà et qu'elle est en contact avec les morts qui l'appellent, lorsqu'elle a ses crises.

2.4 Les personnages ridicules

Paa Adatan : c'est un personnage ridicule, assez caricatural, reprenant le type même du matamore, un soldat poltron. Il prétend combattre Hitler mais son attitude est plus risible qu'autre chose, notamment quand il tente de s'opposer à de véritables soldats. Il est l'objet des moqueries de tous et disparaît d'un coup du village.

« **Moâ même** » : On ne le connaît que par son surnom et c'est lui aussi un personnage ridicule, un pique-assiette qui vit aux crochets de son ami Essay. Là encore, le personnage du parasite est un élément récurrent dans les comédies depuis l'Antiquité. Il semble ne se préoccuper que de son estomac et sera berné par Chrétienne Sauvage qui parviendra à se débarrasser de lui. Il est lui aussi un objet de risée pour les enfants qui s'amusent à imiter ses accents particuliers.

« **Wèé-Wèé** » : ce professeur de mathématiques remplace provisoirement Daodu dans ses activités de proviseur du lycée local, pendant que ce dernier est en voyage en Angleterre. Il ne parvient pas à se faire respecter des élèves qui se moquent de lui et le ridiculisent. Sous sa direction, une forme de chaos s'installe au lycée. Il est lui aussi appelé par son surnom ridicule.

Fiche 7

Résumé d'*Aké les années d'enfance*

I

Le premier chapitre présente le cadre de l'ouvrage : une mission chrétienne située près d'une ville africaine, Aké. Le narrateur, Wole Soyinka, rappelle le temps de son enfance dans ces parages ; il évoque avec nostalgie les lieux de sa jeunesse, dont la résidence du Chanoine où Dieu arrive pour la messe, les bois à proximité de l'école qui servent de terrain de jeux aux enfants, mais surtout le Verger, jardin décrit comme un lieu magique où Jardinier montre aux enfants les fruits, dont la grenade que les enfants prennent pour le fruit défendu croqué par Adam et Ève.

La mission d'Aké semble avoir été abîmée au fil du temps, les lieux ont été négligés ou abandonnés. Le narrateur évoque l'évêché, lieu qui rivalisait avec la maison du chanoine, et décrit l'apparition du fantôme de l'ancien évêque Crowther qui hante le jardin de l'évêché et qui se métamorphose en squelette devant l'enfant.

L'enfant entend ensuite de la bouche de sa mère Chrétienne Sauvage l'histoire de son oncle Sanya qui a défié, lorsqu'il était enfant, les esprits des bois, les ghommides, figures traditionnelles de la culture africaine, qui avaient interdit aux enfants de s'aventurer dans la forêt. Quand Sanya et ses compagnons sont allés chercher des escargots dans la forêt, les esprits des bois se sont fâchés de cette transgression et leur ont envoyé des boules de feu. L'oncle Sanya a brandi sa Bible devant l'esprit et l'a chassé ; mais il a ensuite été puni par les adultes pour avoir désobéi.

Chrétienne Sauvage raconte d'autres histoires sur le révérend J. J. qui incarne la force de la foi et qui lutte contre les traditions païennes locales. Elle raconte aussi comment son frère le jeune Sanya s'entretient avec les esprits de la forêt qui essaient de le retenir et provoquent une fièvre chez lui. Grâce à des plats savoureux déposés dans sa chambre sur les conseils d'une vieille femme, il parvient à guérir au bout d'une nuit, les aliments ayant été acceptés par les esprits comme une offrande. Sanya a la réputation d'être oro, c'est-à-dire un protégé des esprits.

Le narrateur évoque ensuite la figure imposante du chanoine de la paroisse d'Aké, Pa Delumo, qui l'impressionne vivement. Puis il présente Essay, son père qui est directeur d'école, puis la femme du libraire et enfin sa fille Bukola, atteinte de crises d'épilepsie, qui prétend aller dans l'autre monde lorsqu'elle fait une crise, ce qui suscite une grande curiosité chez le narrateur. Bukola est présentée comme une enfant tyrannique qui fait des crises dès que ses parents la contrarient. Le narrateur rappelle son amitié pour le libraire, régulièrement accusé de pécher contre Dieu par les habitants d'Aké, dont le propre père du narrateur, et menacé d'avoir le bras tranché pour ses fautes.

II

Le narrateur raconte comment il a envie d'aller à l'école pour imiter sa grande sœur Tinu, alors qu'il n'a que trois ans. Il est notamment fasciné par les chants des élèves, leurs danses et l'impression de gaîté généralisée. Un jour, il s'empare des livres de son père et se rend à l'école où le directeur l'autorise à venir uniquement quand il en aura envie. Il s'y fait un ami, plus âgé que lui, Osiki, qui est très rapide et qui dégage une impression magique. Au cours d'un jeu, Wole a un accident et se fait mal à la tête. Il souhaite organiser une fête pour son anniversaire le 13 juillet, il invite tous ses amis chez lui mais il ne prévient pas sa mère qui n'a donc pas pu préparer les réjouissances. Le narrateur rappelle aussi sa fascination pour les egungun, les esprits des morts, et espère pouvoir communiquer avec eux.

Il raconte comment il a subi un an plus tard un nouvel accident au cours d'un jeu sur la pelouse ; il a reçu un coup de machette d'un élève occupé à faucher. L'enfant n'a pas vraiment compris ce qui se passait mais devine la gravité de l'accident en voyant son entourage s'affoler et s'inquiéter. Par miracle, son œil n'est pas atteint et il ne sera pas borgne ou aveugle comme il le craignait.

III

Le jeune garçon juché sur les épaules de Joseph, un domestique, découvre du haut d'une échelle la mission dans laquelle il vit, ceinte de murs et entourée par la ville d'Aké, plus pauvre.

En allant au portail, il observe avec admiration l'arrivée de musiciens dans la ville. Le monde qu'il découvre est différent de ce qu'il avait imaginé, et notamment Aké. Il se demande s'il ne va pas trop loin de sa maison mais se rassure. En suivant les musiciens, il se mêle à la foule et notamment à des troupes d'enfants joyeux qui imitent la fanfare, et il explore peu à peu la ville, voit la maternité, le commissariat, l'école de couture. Le jeune Wole est émerveillé par cette profusion de spectacles, notamment quand il croise le marché : « il paraissait impossible qu'il existât tant de *choses* au monde ! » Le jeune garçon est fasciné par l'agilité et la rapidité du boucher.

Devant de vieilles femmes desséchées à la poitrine plate, qui vendent des remèdes, il se demande si ce ne sont pas des sorcières. Il n'ose pas leur parler car il a peur d'elles, pensant que les crânes qui pendent à leur étal sont des crânes d'enfants trop aventureux.

En voyant le lycée, il a envie d'y poursuivre ses études ; il rappelle que le proviseur du lycée, M. Ransome Kuti, surnommé Daodu, est un ami de sa famille, ce qui devrait favoriser son entrée dans l'établissement. Il semble fasciné par ce personnage de Daodu, possesseur d'une moto puis d'une voiture, ce qui est une haute marque de distinction à l'époque à Aké.

Après avoir décidé qu'il irait sûrement au lycée, alors que la fanfare s'immobilise, il découvre qu'il est seul et perdu. Il est recueilli par un sergent blanc qui lui demande ce qu'il veut. Il dit vouloir rentrer chez lui et compare le sergent blanc à un marchand qu'il a vu chez son père. La conversation se poursuit mais les deux personnages ont du mal à se comprendre. Finalement, le jeune garçon, épuisé, s'endort et se réveille ensuite chez son père. Il demande à manger à sa famille, ce qui suscite une grande surprise et une grande joie. Il réalise ainsi qu'il a marché énormément pour son âge, en suivant la fanfare. La scène prend donc une dimension quasi initiatique et le narrateur en trace un bilan très positif : « Tout au fond de moi, tandis que je m'asseyais devant le plus énorme petit-déjeuner qu'il m'eût été donné de contempler, j'avais le vague sentiment d'avoir été la cause de toute l'émotion de la veille et d'être maintenant tout différent de ce que j'étais avant le défilé. »

IV

Le jeune Wole prend son bain mais rechigne à ce qu'on le lave. Pour lui, il est capable de se laver seul mais en réalité, il semble avoir peur de l'eau et ne se rince pas bien. On apprend qu'il fait preuve d'insolence en répondant au pasteur au temple, alors qu'il bavarde indûment avec un de ses camarades ; sa mère Chrétienne Sauvage en est scandalisée, mais son père, Essay, est plus compatissant et prend son parti.

Le jeune garçon, à qui on raconte des histoires de la Bible et qui s'interroge sur l'origine des choses, prie Dieu mais s'étonne qu'il ne réponde pas. À la fin du chapitre, son père découvre qu'inconsciemment, le jeune Wole trempe sa main dans le lave-mains à chaque fois qu'il passe devant et s'humidifie les lèvres. Finalement, cette mauvaise habitude disparaît progressivement car toute la maisonnée le surveille et le pousse à se corriger.

V

Le narrateur constate avec nostalgie que les lieux de son enfance ont changé, ont rétréci (c'est lui qui a grandi), dont le fameux baobab près de chez lui ou bien un goyavier. Il repense avec émotion à un rocher où il aimait aller seul après les cours, qu'il a nommé Jonas et qui est sa cachette. Il regrette que la maîtresse de l'école du dimanche (équivalent du catéchisme chez les protestants) ait raconté l'histoire de Jonas et de la baleine aux enfants, ce qui ajoute une dimension chrétienne à ce rocher que le jeune Wole aimait tel quel.

Il se souvient également de la maison de vacances d'Isara, vieille demeure des ancêtres de la famille associée au Nouvel an et aussi soumis aux ravages du temps et des termites. Le narrateur raconte comment il a tiré sans le vouloir avec la carabine de son père et s'est cru mort pendant quelques instants. Il se remémore également son intérêt pour le jardin de son père, dont il prend soin en le prémunissant notamment des chèvres qui viennent le ravager. Il rappelle une anecdote : un professeur de l'école, Odejimi, a cueilli une rose dans le jardin d'Essay sans le prévenir et Essay, qui ne supporte que l'on touche à ses roses, lui demande ensuite de la remettre en place. Odejimi en est tout honteux et gêné et bredouille, si bien qu'il sera surnommé ensuite Lè-moo. De même, Wole se souvient d'un moment où il a saccagé sans le vouloir des bourgeons dans le jardin de son père et abîmé des plantes. Il a failli être puni par Essay mais sa mère Chrétienne Sauvage a réussi à lui épargner ce châtiment en raisonnant son mari.

VI

Le jeune Wole fait semblant de dormir et admire son père qui fait des exercices de gymnastique. Il décrit ensuite les chambres de ses parents : alors que la chambre du père, Essay, est un lieu rangé, organisé, plein de livres qui sentent un peu le moisi, la chambre de la mère, Chrétienne Sauvage, est un endroit parfumé, très rempli d'objets divers et en désordre permanent. Chrétienne Sauvage accueille en effet dans sa chambre ses propres enfants mais également ceux qu'on lui confie, voire des enfants abandonnés, car elle aime beaucoup s'occuper d'eux. Le jeune garçon préfère être chez son père car il adore les livres et la compagnie du directeur d'école, d'autant plus qu'il peut ainsi se soustraire aux corvées infligées par sa mère. Un jour, on le prévient qu'il grandit et qu'il va donc devoir quitter la chambre de son père et rejoindre la natte commune où dorment tous les enfants chez Chrétienne Sauvage.

L'enfant se souvient des funérailles qui ont lieu au village mais également des séances de punition publique : on expose les enfants fautifs devant toute la communauté et on les punit en public pour que la honte s'ajoute à la douleur des châtiments corporels.

Le jeune garçon raconte comment il a développé un goût prononcé pour un produit lacté que l'on donnait à son jeune frère quand il était bébé. Il a dérobé le paquet pour le dévorer comme une gourmandise. Sa mère se rend compte de ce méfait et menace de le punir sévèrement, une fois que l'enfant aura été réprimandé par son père. Après un voyage, le père revient mais refuse de punir Wole, laissant la mère seule à assumer le châtiment de l'enfant. Wole a peur d'être puni et exposé sur la place publique et décide de quitter la maison pour échapper à cette humiliation. Il prépare secrètement son balluchon et s'apprête à s'enfuir mais il est puni par sa mère. Il constate ensuite qu'un domestique a fait disparaître le balluchon et il persiste à manger le produit lacté interdit, ce qui le console assez vite des coups qu'il a reçus.

VII

Le jeune Wole prend conscience que tout change autour de lui, les personnes ainsi que les choses. Il s'en inquiète et décrit les multiples changements de son environnement : ses parents évoluent, la décoration et l'organisation intérieure de la maison changent aussi, il prend conscience du passage du temps.

Il évoque sa petite sœur Folasade qui pleure beaucoup et semble immobile. Il constate qu'elle nécessite de plus en plus de soins constants, sa mère s'inquiète de plus en plus. Le narrateur se souvient aussi d'une bonne qui jure n'avoir jamais fait tomber le bébé. Le lendemain, elle disparaît après avoir été congédiée par Chrétienne Sauvage. Enfin, les parents partent avec le bébé et reviennent ensuite avec elle, mais elle est immobile et silencieuse. La mère est de plus en plus affaiblie et triste en permanence. On fait venir un croque-mort et c'est à ce moment que Wole comprend que sa petite sœur ne reviendra pas et qu'elle est morte. Cette prise de conscience progressive de la mort entraîne des pleurs et des cris chez l'enfant.

Après un violent orage qui provoque des dégâts à Aké, Wole veut sortir ramasser des goyaves mais se heurte au refus de sa mère qui craint qu'il ne prenne froid. Il se dispute avec sa sœur Bunmi qui doit aller chercher les goyaves sur ordre de Chrétienne Sauvage.

Le caractère de Wole devient de plus en plus ombrageux et sa mère lui reproche de toujours rêvasser. Elle redoute qu'il ne s'isole et dit : « il faut le sortir de lui-même ». Elle regrette que Wole ne fasse que lire en se tenant à l'écart des autres. On l'accuse d'être incapable et paresseux. Alors qu'on envoie son petit frère Dipo pour le rudoyer, Wole se met à l'attaquer pour se défendre, ce qui entraîne un grand tumulte dans sa famille. Wole réalise après coup qu'il a perdu le contrôle de lui-même et a roué de coups son frère à terre. Sa mère prie pour lui car elle le croit possédé par le démon, l'*èmi èsu*. Le jeune garçon se promet d'éviter désormais de céder à la violence.

VIII

Le narrateur revient sur le moment où des ouvriers installent la radio dans sa maison, ainsi que sur l'installation de l'électricité. Dans les deux cas, le résultat semble magique à travers le regard enfantin et Essay a longtemps fait croire à la nature miraculeuse de l'électricité.

Wole Soyinka retrace ensuite l'inquiétude grandissante liée à l'entrée dans la Seconde Guerre mondiale. Les habitants d'Aké reçoivent des nouvelles inquiétantes et croient l'arrivée d'Hitler imminente. L'un d'eux, Paa Adatan, homme à l'esprit dérangé et à l'appétit d'ogre, multiplie les discours agressifs et les rodomontades, patrouillant dans Aké avec un grand sabre. Il en vient même à menacer des troupes qui viennent se ravitailler à Aké, les Bote, les accusant d'être comme Hitler. Paa Adatan est ligoté puis disparaît définitivement du village, après avoir lancé de nombreuses malédictions.

Le narrateur évoque ensuite l'arrivée d'un personnage grotesque, un ami d'Essay qui est en fait parasite qui dévore la nourriture du père, surnommé Moâ-même par les enfants car il répète toujours la même chose quand on lui demande s'il a déjeuné : « Neu-ooon ». Les enfants imitent Moâ-même et son accent très particulier et se moquent ouvertement de lui. Lassée de voir cet intrus profiter des plats de son mari, la mère joue un tour : elle le reçoit elle-même et lui sert des biscuits et du jus d'orange mais l'empêche de voir son mari et de dîner. Au bout de quelques jours, Moâ-même finit par ne plus revenir et les enfants sont tristes de ne plus avoir de cible pour leurs moqueries.

Un jour arrive à Aké l'oncle Dipo en uniforme militaire. Les enfants, ne le connaissant pas, le prennent pour Hitler venu les chercher et se cachent, puis ils l'attaquent quand ils comprennent que l'homme est ivre. Chrétienne Sauvage arrive et leur présente leur oncle, soldat en Birmanie et revenu au pays. Il disparaît le lendemain. Peu de temps après, Dipo, le frère de Wole, essaie de quitter Aké en bus mais il est repéré et ramené à la maison. Il devient un héros pour les autres enfants. Après coup, Chrétienne Sauvage décide de débaptiser son fils car Dipo est un nom qui porte malheur.

IX

La famille d'Essay se rend souvent à Isara pour les fêtes de fin d'année. Là, ils sont présentés aux habitants comme les enfants du directeur et ne sont pas tenus de se prosterner. Un jour que son père rencontre son ami, l'Odemo, le chef titré d'Isara, un homme veut obliger Wole à se prosterner devant lui. Le jeune garçon refuse et lui répond que s'il ne se prosterne pas devant Dieu, il ne va pas se prosterner devant lui. Cette réplique fait scandale et de retour à Aké, les enfants apprendront à se prosterner.

Le narrateur décrit Isara, où l'hygiène laisse à désirer, mais il raconte aussi ses promenades avec le voisin de la famille, le coiffeur Broda Pupa. Au cours de l'une d'entre elles, ils rencontrent un énorme serpent qui effraie les enfants mais que Broda Pupa chasse, tue et va donner à cuisiner. Alors qu'il ne veut pas y goûter, Wole va peu à peu se laisser tenter par le ragoût de serpent et le savoure. Il imagine qu'il s'en vantera devant ses camarades à l'école. Il apprend à cultiver les champs et comment échapper à des essaims d'abeilles.

Au cours d'une chasse organisée avec des garçons de son âge, il échappe à des frelons grâce aux conseils de Broda Pupa et s'en félicite. Il a l'impression d'être protégé à Isara.

Le jeune garçon discute avec Père, son grand-père maternel qui vit à Isara, et qui lui prédit qu'il ira au Lycée National anglais quand il sera grand car son père ne veut pas retarder son éducation. Il met en garde le jeune Wole qui sera sans doute un des plus jeunes au lycée car la plupart des jeunes gens doivent économiser et attendre pour aller au lycée, ce qui retarde leur éducation. Père met en garde contre les envieux et pousse Wole à élargir sa vision du monde : « Le monde est plus vaste que le monde des chrétiens, ou que le monde des livres. » Il lui promet également une surprise pour le lendemain et le jeune garçon brûle de curiosité.

Le lendemain, au réveil de Wole, Père prépare Wole pour une opération rituelle (une incision des chevilles). Alors que l'enfant souffre, il lui donne des leçons de vaillance et de persévérance au combat et le félicite ensuite de son courage. Wole ne cesse ensuite de poser des questions sur le sens de cette incision mais Père ne lui répond pas. Cette pratique est une forme d'initiation marquant l'entrée dans une nouvelle phase de sa vie.

X

Le narrateur déplore la disparition des odeurs d'Aké. Elles ont été remplacées par les bruits, notamment par les hurlements de Sorowanke, une femme folle qui rôde près du manguier. Wole Soyinka se souvient des chansons qu'il entonnait pour ne pas avoir peur quand il marchait dans l'obscurité et évoque également une séance de magie qui l'a beaucoup impressionné lorsqu'il était enfant. Il se souvient aussi du moment où il est invité à participer à la chorale locale, car sa voix correspond à celle de soprano, d'après le chef de la chorale.

Il raconte avec nostalgie comment il allait au marché avec son ami Edun quand il devait se rendre à la chorale, et notamment le dimanche où il allait acheter à une marchande remarquable des préparations délicieuses.

Le narrateur décrit les marchés de son enfance avec les marchandes de repas si typiques, puis l'invasion progressive de la modernité et de la culture occidentale dans son village.

Il évoque ensuite l'histoire de Sorowanke, la folle du manguier, qui s'est installée du côté de l'arbre et a été séduite par un vagabond, Yokolu. Leurs préparations culinaires rivalisent avec celles des marchandes de repas qui travaillent à côté. Enceinte, elle est abandonnée par Yokolu et un jour, elle est lapidée par les enfants aidés par les marchandes de repas de la place. En quelques instants, sa cabane est détruite et ses affaires éparpillées. Tout le monde oublie son existence.

XI

Le narrateur évoque une période particulière où son père Essay semble malade, sa mère ne vient plus le voir, les enfants sont moins punis et ils font moins de bêtises. Il ne comprend pas bien ce qui se passe mais il voit son père errer dans le jardin seul en marmonnant : « quelle triste mort ». Un jour, son père lui parle et lui fait promettre de tout faire pour entrer au Lycée National, il l'encourage également à ne jamais renoncer face aux obstacles, à faire preuve de bravoure et de force car il est l'homme de la famille. L'enfant a l'impression de franchir un cap définitif. Le soir même, il développe une forte fièvre mais le lendemain, lorsqu'il retrouve de nouveau la santé, il a l'impression que son père va mieux, après s'être fait photographier avec toute la famille. Il ne comprend pas vraiment comment les choses sont revenues à l'ordinaire mais accepte ce retour à la normale humblement, « avec un sentiment de gratitude à l'endroit d'une Force invisible qui nous avait délivrés d'une Menace entrevue mais demeurée sans nom. »

XII

Wole est au Lycée d'Abeokuta, environné d'élèves souvent plus âgés que lui, comme lui avait dit son grand-père. Là, il fait l'apprentissage de la vie en communauté avec ses camarades : il relate comment on lui a volé ses affaires, dont une boîte métallique dont il était très fier. Le Lycée, dirigé peu fermement par un piteux professeur de mathématiques surnommé Wèé-Wèé par les élèves (Wèé-Wèé remplace provisoirement le vrai proviseur, Daodu, parti en mission en Angleterre), est présenté comme un lieu d'apprentissage de la survie : certains élèves parviennent à communiquer facilement avec l'extérieur, bravant les règles de l'internat et organisant toutes sortes de trafics. d'autres volent leurs parents, dilapident la fortune familiale, d'autres encore font des enfants à des jeunes filles. Un jour, une punition publique est organisée à l'encontre d'un élève de terminale, surnommé Akeenzy, qui a engrossé une jeune fille, pour lui éviter le renvoi définitif. Il doit recevoir trente-six coups pour son méfait mais il fait preuve de beaucoup de constance pendant son châtiment, ne laissant pas transparaître sa douleur et épuisant le proviseur chargé de la punition. Il est ovationné par ses camarades, ce qui provoque la colère du proviseur qui accuse les enfants d'avoir l'âme corrompue.

Le proviseur en titre, Daodu, revient ensuite de son voyage en Angleterre, auréolé de gloire comme un héros car il a insisté pour qu'il y ait une université par pays et non pas une seule pour toute l'Afrique de l'Ouest colonisée par les Britanniques. Daodu se remet à imposer des règles strictes au lycée, après la parenthèse chaotique et laxiste de Wèé-Wèé, dont l'entretien des pelouses qui est une corvée imposée à tous les élèves. Wole reçoit une punition avec d'autres élèves pour ne pas avoir bien arraché les herbes, et il endure ce châtiment avec une certaine bravoure. Juste après, il se remet à admirer Daodu.

Un jour, des élèves menés par Iku, « la Mort », sont surpris en train de faire rôtir un poulet dérobé au poulailler du proviseur et un procès est organisé : face à Daodu, l'accusateur, Iku assure la défense du groupe d'accusés. Iku raconte comment le poulet est venu les attaquer alors qu'ils étaient en train de faire du feu pour prouver une expérience de physique et comment il a sauté accidentellement lui-même dans le feu. Le proviseur les acquitte mais il les condamne à n'avoir pour seule nourriture pendant une semaine que ce poulet. Le narrateur semble admirer Iku, connu pour ses frasques et qui échappe régulièrement aux punitions des professeurs.

Le narrateur évoque enfin un groupe de femmes se préoccupant d'aider les femmes du peuple. Parmi ce groupe figure la femme de Daodu ainsi que la mère du narrateur, Chrétienne Sauvage. Daodu leur conseille de faire venir une femme du peuple à leurs réunions pour les encourager à avoir recours aux soins médicaux. Les femmes approuvent ce sage conseil de Daodu.

XIII

Des femmes du peuple viennent participer aux réunions qui prennent une grande ampleur. Le narrateur observe régulièrement ces réunions qui sont parfois assez animées et joyeuses. Daodu suggère à sa femme d'en profiter pour enseigner aux participantes la lecture et l'écriture. Wole les regarde en train d'apprendre et leur donne parfois des conseils. En apprenant à lire et à écrire, les femmes peuvent mieux surveiller leurs enfants et lire les bulletins scolaires, ce qui favorise globalement l'éducation des petits. Mais, un jour, elles ne viennent plus car elles sont persécutées par des percepteurs et autres agents locaux qui saisissent une partie de leurs récoltes. La révolte gronde et un syndicat de femmes d'Egba voit le jour. Les femmes décident de ne pas céder aux percepteurs et sont menées en partie par Chrétienne Sauvage.

Le jeune Wole se rend en ville sans ses parents pour passer des examens et un entretien en vue d'entrer au Lycée National, conformément au souhait de son père Essay. Il est accepté mais sans bourse. Naturellement, l'enfant est déçu.

Il va néanmoins au Lycée National et rencontre des élèves beaucoup plus âgés que lui, comme le lui avait prédit son grand-père. Il se distingue en déterrant un objet qui avait été enterré par deux élèves pour nuire à un troisième. Il brûle ensuite cet objet mystérieux et lève ainsi le sort qui avait été lancé par les autres élèves.

Wole discute avec Daodu des méthodes d'enseignement du Lycée National. Daodu est persuadé que les professeurs Blancs du Lycée National sont incapables d'enseigner correctement aux enfants africains et qu'ils ne forment pas leur caractère, notamment parce qu'ils obligent les enfants à appeler les professeurs « sir » (Daodu y voit un moyen de les rabaisser comme des esclaves) et parce qu'ils n'utilisent pas de châtiments corporels comme dans les lycées africains. Le jeune Wole considère que c'est une bonne chose de ne pas frapper les élèves et il s'oppose en cela directement à Daodu qui a du mal à accepter que le jeune garçon préfère le Lycée National.

Mme Beere Kuti, la femme de Daodu, s'apprête à rentrer à son tour d'Angleterre. Une polémique éclate à la suite d'une de ses déclarations où elle affirmait que les femmes d'Egba étaient souvent misérables. Dans un journal, un article paraît pour démentir cela en considérant que c'est une forme de trahison de Beere envers les siens et l'article prétend que les femmes en question ne sont pas vraiment misérables. Un article est publié en riposte, signé par un mystérieux « Spectateur » : les femmes sont bel et bien misérables et vivent dans de très mauvaises conditions. Daodu engage les femmes des réunions à copier cet article qui dit la vérité et à le distribuer largement. Il souhaite ainsi faire une véritable ovation pour sa femme quand elle rentrera au pays.

XIV

Une grande fête a lieu à l'occasion du retour de Mme Kuti mais au cours des festivités nocturnes, on découvre une femme nue soupçonnée de lancer des malédictions contre la femme du proviseur. Plusieurs hypothèses expliquant la nudité de la femme circulent, faisant appel à la magie, mais on ne saura jamais exactement les motivations réelles de la jeune femme.

En outre, le mouvement de protestation dirigé par le syndicat des femmes va croissant car les femmes sont de plus en plus persécutées par les percepteurs qui exigent d'elles des impôts qu'elles ne peuvent pas vraiment payer. C'est le cas d'une vieille femme qui vient témoigner de sa misère : elle a hérité d'un champ mais aussi de treize enfants à la mort de son fils et elle exploite ce champ pour nourrir sa famille mais n'a pas de quoi payer cet impôt car elle parvient tout juste à survivre. Le mouvement des femmes va prendre de l'ampleur et rejoindre des mouvements nationalistes et indépendantistes luttant contre la présence du colonisateur britannique. Chrétienne Sauvage participe abondamment à cette action des femmes, aidée par Essay mais aussi par son jeune fils Wole qui sert de messager et qui s'attire la sympathie de nombreuses jeunes femmes qui aimeraient l'épouser quand il sera plus grand.

Excédées par les agissements des percepteurs et autres agents de l'Impôt, les femmes décident de marcher sur la demeure du chef local, à Aké. Ce chef, l'Alake, un roi local, décide de les recevoir et entame une discussion pacifique avec Chrétienne Sauvage qui présente les revendications des femmes : abolir l'impôt. L'Alake met en avant la difficulté d'abolir l'impôt qui est très ancien mais promet d'y réfléchir et de convoquer un conseil pour décider. Les femmes massées devant le palais sont très bruyantes et un responsable blanc, le District officer, demande à Beere, arrivée entre-temps, de dire à ses femmes de la fermer. Beere réagit vivement à ces paroles et le soldat ne sait plus quoi répondre.

De retour dans sa boutique, Chrétienne Sauvage essaie de limiter le violence montante et sauve un vieil homme représentant le pouvoir qui était menacé par les femmes. Le vieil homme promet de plaider en faveur des femmes et de l'abolition de l'impôt auprès de l'Alake. Wole découvre à cette occasion qu'en réalité, sa mère, qu'il trouvait si dure avec lui quand il était petit, déteste vraiment la violence.

À l'extérieur, les femmes se rassemblent de plus en plus et la révolte gronde ; parallèlement, une femme met au monde une petite fille.

XV

Les femmes assiègent le palais de l'Alake pendant qu'il délibère avec le conseil. Les provocations se multiplient et il y a une hostilité grandissante entre les femmes et le nouveau District officer, le précédent ayant été rappelé par les autorités britanniques. Les femmes reçoivent même l'appui des anciens, les ogboni, qu'elles avaient maltraités au début du mouvement.

Parallèlement, le jeune Wole repasse ses examens pour obtenir une bourse du Lycée National, encouragé par Essay. Il s'apprête à dire au revoir à Beere et Daodu et entend un chant irrévérencieux à l'égard de l'Alake. Beere a une vive altercation avec le District officer qu'elle accuse de racisme envers tous les non-Blancs en évoquant le bombardement atomique d'Hiroshima. La lutte prend un aspect très anticolonialiste. Beere promet un beau cadeau à Wole s'il réussit ses examens et s'il obtient une bourse du Lycée National. Il souhaite avoir des chaussures car c'est une chose interdite pour les enfants d'après Essay qui considère que cela reviendrait à les gâter. Daodu réaffirme à Wole que les Blancs essaient de corrompre la force de caractère des jeunes Africains pour mieux les dominer. Beere va dans le même sens : « Il y a un raciste en tout homme blanc. » dit-elle au jeune garçon. Le jeune Wole se demande s'il a eu raison de vouloir aller au Lycée National et s'il s'en sortira bien, alors qu'il a onze ans et demi. Daodu le rassure en pensant qu'il y arrivera mais continue à critiquer le Lycée National en regrettant notamment que les élèves n'aient pas droit à des poches, des chaussures, des activités de scoutisme… Pendant qu'il déblatère contre le Lycée National, Wole regarde avec tendresse Beere et comprend qu'il n'aura décidément pas les chaussures qu'il désirait tant.

Les derniers mots du récit sont significatifs d'une certaine fin de l'enfance et de l'entrée dans le monde des adultes : « Le moment était venu d'entreprendre les mutations mentales nécessaires pour accéder à un nouvel univers d'adultes irrationnels et à leur discipline. »

Partie 2

Fiches thématiques

Cette partie va vous permettre de croiser les œuvres et de découvrir les principales problématiques du programme.

Par ailleurs, rappelons que ces fiches vous donnent les principales références pour traiter les thématiques abordées mais ne remplacent pas tout effort de problématisation de votre part. Nous citerons des passages des œuvres pour que vous puissiez les assimiler plus facilement mais cela ne dispense pas de relire les textes et de reparcourir en diagonale les œuvres suivant les thématiques abordées.

Enfin, nous renvoyons parfois à d'autres fiches pour compléter la réflexion quand il apparaît des passerelles entre des problématiques connexes.

N'hésitez donc pas à zigzaguer à travers ces différentes fiches thématiques.

Fiche 8

L'enfant et ses parents

1. Jean-Jacques Rousseau

Même s'il n'a pas souhaité assumer sa responsabilité de père, Jean-Jacques Rousseau a des idées bien précises sur le rôle des parents et les expose à loisir dans l'*Émile*. Pour le philosophe, le bon développement de l'enfant dans ses premières années est conditionné par l'exemplarité des parents, avant même de commencer l'éducation. C'est pour cette raison que Rousseau en appelle au début du livre I à la mère « tendre et prévoyante » qui a le devoir de protéger l'âme de l'enfant comme si c'était un arbrisseau fragile.

Cette entrée en matière semble tout à fait consensuelle mais il n'en est pas forcément de même pour la suite. En effet, Rousseau commence par se démarquer des usages de son temps. Pour le penseur, la mère doit absolument allaiter elle-même son enfant et ne pas le mettre en nourrice, comme cela se pratiquait beaucoup dans les familles nobles de l'époque. Il accuse les mères renonçant à l'allaitement d'être dénaturées : « Depuis que les mères, méprisant leur premier devoir, n'ont plus voulu nourrir leurs enfants, il a fallu les confier à des femmes mercenaires, qui, se trouvant ainsi mères d'enfants étrangers pour qui la nature ne leur disait rien, n'ont cherché qu'à s'épargner de la peine. » Ainsi, la mère est condamnée pour sa légèreté et la nourrice est elle aussi fortement tancée par le philosophe : « Celle qui nourrit l'enfant d'une autre au lieu du sien est une mauvaise mère : comment sera-t-elle une bonne nourrice ? ».

Pour Jean-Jacques Rousseau, tous les problèmes de l'éducation commencent par ce péché originel du renoncement à l'allaitement et il souhaite un retour à l'ordre de la nature pour favoriser l'entrée dans la vie de l'enfant. D'après lui, le retour à la nature permettrait d'éliminer par avance bien des problèmes : « Voulez-vous rendre chacun à ses premiers devoirs ? Commencez par les mères ; vous serez étonné des changements que vous produirez. Tout vient successivement de cette première dépravation : tout l'ordre moral s'altère ; le naturel s'éteint dans tous les cœurs ; l'intérieur des maisons prend un air moins vivant ; le spectacle touchant d'une famille naissante n'attache plus les maris, n'impose plus d'égards aux étrangers ; on respecte moins la mère dont on ne voit pas les enfants ; il n'y a point de résidence dans les familles ; l'habitude ne renforce plus les liens du sang ; il n'y a plus ni pères ni mères, ni enfants, ni frères, ni sœurs ; tous se connaissent à peine ; comment s'aimeraient-ils ? Chacun ne songe plus qu'à soi. » Et l'auteur de poursuivre : « Mais que les mères daignent nourrir leurs enfants, les mœurs vont se réformer d'elles-mêmes, les sentiments de la nature se réveiller dans tous les cœurs ; l'État va se repeupler : ce premier point, ce point seul va tout réunir. »

Cette critique de l'individualisme et de l'oubli de la nature, très fréquente chez l'auteur de l'*Émile*, renforce donc le poids traditionnel des parents dans la formation de l'enfant et Rousseau synthétise cet aspect dans une formule saisissante qui présenterait une espèce de pacte initial liant mère et enfant : « Point de mère, point d'enfant. Entre eux, les devoirs sont réciproques ; et s'ils sont mal remplis d'un côté, ils seront négligés de l'autre. » Cet élément n'est pas sans rappeler la pensée politique de Jean-Jacques Rousseau qui publie *Du contrat social* en 1762.

Le père est également important dans la formation de l'enfant, même si son rôle est moins développé que celui de la mère. Conformément à la répartition traditionnelle de l'époque, Jean-Jacques Rousseau distingue bien les rôles des deux parents : « Comme la véritable nourrice est la mère, le véritable précepteur est le père. » En outre, le philosophe paraît sévère face aux pères refusant d'assumer leur rôle, visant là encore les familles nobles où l'éducation est habituellement déléguée à autrui :

« Un père, quand il engendre et nourrit des enfants, ne fait en cela que le tiers de sa tâche. Il doit des hommes à son espèce, il doit à la société des hommes sociables ; il doit des citoyens à l'État. Tout homme qui peut payer cette triple dette et ne le fait pas est coupable, et plus coupable peut-être quand il la paye à demi. Celui qui ne peut remplir les devoirs de père n'a point le droit de le devenir. Il n'y a ni pauvreté, ni travaux, ni respect humain, qui le dispensent de nourrir ses enfants et de les élever lui-même. Lecteurs, vous pouvez m'en croire. »

Comment comprendre cette fin et cet appel aux lecteurs ? Y aurait-il ici une réponse aux attaques fréquentes subies par Rousseau à propos de l'abandon de ses propres enfants ? Y aurait l'ombre d'un remords du philosophe ? C'est difficile à déterminer de manière certaine mais on constate que l'auteur a une conception ample et élevée de la paternité. Le père devra faire preuve d'autorité, il est assimilé à un « gouverneur » (« Un gouverneur ! ô quelle âme sublime !... En vérité, pour faire un homme, il faut être ou père ou plus qu'homme soi-même. Voilà la fonction que vous confiez tranquillement à des mercenaires. »). Il devra faire preuve de rigueur avec l'enfant et lutter contre la tendance plus douce et maternante de la mère, comme on le verra dans l'épisode de l'enfant noble gâté, où la mère passe tout à l'enfant, ce qui le rend tyrannique, alors que le père, en accord avec Rousseau, fera preuve de fermeté vis-à-vis de l'enfant après son escapade et lui permettra ainsi de se débarrasser de ses mauvaises habitudes capricieuses. Naturellement, cette répartition traditionnelle des rôles peut être remise en question ou nuancée, car il y a des pères plus permissifs et des mères plus autoritaires, comme on le verra notamment dans *Aké les années d'enfance*.

Mais après avoir tant loué le rôle des parents, Jean-Jacques Rousseau change de cap et crée son personnage d'Émile en le débarrassant théoriquement de ses géniteurs : « Émile est orphelin. Il n'importe qu'il ait son père et sa mère. Chargé de leurs devoirs, je succède à tous leurs droits. Il doit honorer ses parents, mais il ne doit obéir qu'à moi. C'est ma première ou plutôt ma seule condition. » Ici, le philosophe, qui avait pourtant décliné à plusieurs reprises la charge d'éduquer les enfants, proposerait une hypothèse philosophique : que se passerait-il si l'enfant était coupé de l'influence parentale pour être mis entre les mains d'un pédagogue nouveau aux méthodes originales ? Paradoxalement, le gouverneur-philosophe supplée donc aux parents pour l'éducation dès le plus jeune âge, alors que le penseur avait précédemment dénoncé l'abandon des enfants aux mains d'un précepteur mercenaire...

Dans toute la suite des livres I et II, il ne sera plus vraiment question des parents si ce n'est pour dénoncer de mauvaises pratiques, mais naturellement, c'est aux parents que Rousseau pense en écrivant son traité. Il semblerait toutefois qu'aucun parent réel ne trouve grâce à ses yeux du philosophe genevois.

2. Hans Christian Andersen

La famille fait partie des valeurs fondamentales pour le conteur danois qui n'a jamais pu fonder de famille lui-même, à son grand désarroi. De nombreuses figures de parents apparaissent dans le recueil de contes.

Il y a bien sûr quelques parents indignes et violents comme dans « La petite marchande d'allumettes » où la petite fille a peur d'être battue par son père si elle rentre chez elle sans un sou ou bien des belles-mères méchantes et envieuses, qui reprennent le rôle de la traditionnelle marâtre des contes de fées, comme dans « Les cygnes sauvages » où figure une « méchante reine qui ne fut pas bonne du tout avec les pauvres enfants » (p. 95). Cette reine développe une mauvaise relation avec la fille du roi et cherche à l'éloigner : « Quand elle eut quinze ans, il fallut qu'elle retourne chez elle et lorsque la reine vit combien elle était belle, elle fut remplie de colère et de haine à son égard. » (p. 96).

Notons également que dans « Le vilain petit canard », la mère canard se plaint de l'absence du père, ce qui montre un certain humour de la part du conteur : « Ils ressemblent tous à leur père, cette canaille qui ne vient même pas me voir. » (p. 128).

Cependant, l'arbre ne doit pas cacher la forêt et il n'en reste pas moins que la plupart des personnages de parents des contes d'Andersen sont plutôt aimants et attentionnés. L'arrivée d'un enfant est souvent présentée comme une bénédiction pour le couple : « Et pourtant, leur bonheur pouvait s'élever d'un degré supplémentaire, mais pour cela, il fallait que Dieu leur accorde un enfant, un fils qui leur ressemblerait selon le corps et l'âme. » (p. 285) Dans une autre histoire, Andersen ajoute : « Tout de même, les enfants sont une bénédiction de Dieu. Ils sont la joie de la maison. Chaque enfant est un Notre-père de plus ! » (p. 387) Cette conception chrétienne de la famille irrigue tout le recueil et Hans Christian Andersen présente souvent des familles très unies, notamment dans le malheur. Ainsi, la famille heureuse et soudée semble être une solide compensation pour supporter la misère et le malheur social, comme on le voit dans « Les bougies » ou « L'invalide ».

Face à ces situations banales, on trouve des cas de parents de substitution ou qui viennent appuyer des parents existants. Ainsi, dans « L'invalide », de riches protecteurs aident les parents du jeune Hans et vont ensuite lui permettre de faire des études et de monter dans la société ; dans « Une histoire des dunes », l'enfant nouveau-né, qui vient de perdre sa mère à la suite d'un naufrage, est recueilli et élevé par un couple de pêcheurs ayant perdu leur enfant. Dans « La Tante Mal-aux-dents », c'est la tante qui encourage et protège le jeune étudiant qui devrait devenir poète. De nombreux contes font également figurer des personnages de grand-mère, très positifs et présentés comme des figures maternelles, protectrices, comme la grand-mère de « La reine des neiges » ou celle qui vient emmener la petite marchande d'allumettes. Quant aux sorcières, personnages habituels des contes pour enfants, elles ne sont pas toujours négatives chez Andersen qui distingue les bonnes magiciennes des mauvaises (celle des « cygnes sauvages », celle de « La petite sirène »). Ainsi, une vieille sorcière aide le jeune soldat du conte « Le briquet », avant d'être tuée par lui ; une vieille magicienne aide également Gerda dans « La reine des neiges » : « J'ai longtemps désiré avoir une gentille petite fille comme toi, dit la vieille. […] la vieille femme savait exercer la magie, mais ce n'était pas une méchante magicienne, elle faisait seulement un peu de magie pour son plaisir personnel, et voilà qu'elle voulait garder la petite Gerda » (p. 162). La sorcière garde donc une certaine ambivalence.

Face à la famille biologique, des enfants se choisissent des familles et des liens de fraternité peuvent apparaître, comme au début de « La reine des neiges » où Kay et Gerda sont présentés comme des alter ego inséparables : « il y avait deux enfants pauvres qui possédaient un jardin un peu plus grand qu'un pot de fleurs. Ils n'étaient pas frère et sœur mais s'aimaient autant que s'ils l'avaient été. » (p. 153). Cette harmonie se développe dans la suite du conte : « Et les enfants se tenaient par la main, donnaient des baisers aux roses et plongeaient le regard dans la clarté du soleil de Dieu et lui parlaient comme si l'Enfant Jésus avait été là. » « Comme elles étaient belles, ces journées d'été, comme il faisait bon dehors près des rosiers vivaces qui semblaient ne jamais vouloir s'arrêter de fleurir ! » (p. 155). Quant au vilain petit canard, il quitte sa mère aimante qui le défend toujours contre les autres pour rejoindre sa vraie famille d'adoption (des cygnes) qui l'accueillera à « ailes ouvertes », si l'on peut dire.

En général, les malheurs des jeunes personnages arrivent lorsqu'ils désobéissent à leurs parents ou s'en éloignent : ainsi, la petite sirène rompt d'une certaine manière avec sa famille quand elle décide de devenir humaine et ne pourra jamais retrouver son monde sous-marin, le crapaud quitte son puits où se trouvait sa famille pour découvrir le monde et finira tué par une cigogne, alors qu'il imaginait partir pour l'Égypte avec elle. Quant à Kay, le jeune héros de « La reine des neiges », il est enlevé, au cours d'une promenade par mauvais temps, par la reine des neiges qui le maintient dans son palais glacé dans une éternelle enfance. On voit bien ici l'avertissement sous-jacent adressé aux jeunes lecteurs ou auditeurs : il faut bien obéir à ses parents pour ne pas avoir de problème dans la vie. Il faut noter que dans le monde de contes de fées d'Andersen, il n'y a pas de franche rupture ni de démonstration d'autorité dans les contes et que les enfants s'affranchissent « en douceur » de leurs parents somme toute assez conciliants, comme à la fin de « L'invalide ».

3. Wole Soyinka

Les parents occupent une place centrale dans *Aké les années d'enfance*. Wole Soyinka se présente en effet comme un enfant vivant dans une grande famille, dominée par les parents et constituée de nombreux frères et sœurs, cousins et enfants recueillis, auxquels il faut également ajouter les domestiques qui s'occupent des petits. L'écrivain nigérian a un regard tendre et reconnaissant envers ses parents et il n'y a aucune trace de reproche, d'animosité ou autres griefs. Il apparaît comme un enfant heureux, redevable envers ses parents.

Dans le livre de Soyinka, la répartition des rôles parentaux est assez tranchée, et contrairement à ce que propose Jean-Jacques Rousseau, c'est la mère, Chrétienne Sauvage, femme forte et rigoureuse, qui assume la fonction d'autorité (c'est elle qui punit les enfants, qui les fouette parfois), appuyée de temps en temps par la grande sœur (notamment dans l'épisode du bain où Wole ne veut plus être lavé par sa sœur mais veut se laver tout seul, alors qu'il a plus ou moins peur de l'eau). Au contraire, le père, Essay, qui est pourtant directeur d'école et habitué à donner des ordres, a une posture beaucoup plus débonnaire et permissive. C'est d'ailleurs ce que lui reproche son épouse : « C'est son père qui est trop patient. Moi, je l'assommerais au moment même où il ouvrirait la bouche et il verrait que je ne plaisante pas. » Elle trouve que le père va trop dans le sens de l'enfant : « Tu ne devrais pas trop l'encourager, mon chéri. Il est trop raisonneur. »

N'oublions pas de préciser que malgré son aspect revêche, Chrétienne Sauvage, dont le surnom indique déjà une certaine rudesse mais aussi des principes chrétiens, est une mère accomplie, très attentionnée et vigilante : elle fait figure de mère universelle, car, comme on l'apprend au chapitre VI, elle recueille des cousins mais aussi des enfants abandonnés par leurs parents, et ce avec la bénédiction tacite de son mari. Elle essaie de pousser son fils à changer, à ne plus être aussi paresseux et rêveur et elle corrige ses défauts pour l'amener à être un adulte responsable et moral. Elle cherche donc exclusivement le bien de son enfant et Wole n'en doute jamais.

Si la mère punit souvent l'enfant (les châtiments corporels étaient monnaie courante dans les années 1930), il ne semble pas lui en tenir rigueur. Il développe en revanche une relation très proche avec son père, représentant le savoir, et l'admire beaucoup, comme c'est souvent le cas pour des enfants : « Quant à mon père, évidemment, je le tenais pratiquement pour invulnérable. » Cette proximité confine à une certaine complicité reposant sur des affinités électives et une forme d'exceptionnalité (« Papa et moi nous appartenions à un monde à part. ») et l'enfant s'identifie à son père et fréquente volontiers son lieu réservé et privé, son bureau plein de livres qui suscite la curiosité et la convoitise de Wole. Comme son père, le jeune garçon sera un grand lecteur et un lettré.

Dans le chapitre XI, Essay semble malade et nous comprenons progressivement à travers le regard incertain de Wole qu'il est proche de la mort (« Et pourtant je comprenais à peine. Pas même lorsque, sans qu'il me vît, je le rencontrais parmi ses fleurs, le regard perdu de plus en plus dans les lointains. »). Avec une certaine solennité, le père pousse son fils à aller au Lycée pour sans doute aller plus loin que lui : la relation est donc plus qu'une forme d'imitation car elle tend au surpassement (« Je promis de viser la bourse. Cela semblait si important pour lui, et soudain je fus saisi par le sentiment que j'étais en train d'accomplir une importante transition, à cause d'une promesse qui me liait éternellement. »). Puis il lui donne des leçons de courage et de sagesse qui prennent un aspect presque testamentaire : « les choses ne se passent pas toujours comme nous l'avons prévu. Il y a beaucoup de déceptions dans la vie [...] tu ne dois pas te laisser accabler par l'inattendu. [...] Tu es l'homme de la famille, n'oublie pas que les autres te respecteront. » Ce passage de flambeau symbolique est d'ailleurs bien ressenti comme moment important par le jeune garçon.

À la fin du chapitre, l'issue funeste est évitée car le jeune garçon tombe malade lui-même et est pris de fièvre pendant la nuit. Peu de temps après, le père se met à regagner la santé, comme si le fils avait symboliquement absorbé son mal. La guérison d'Essay est présentée de manière quasi magique ou miraculeuse et l'enfant accepte sans bien chercher à en savoir davantage cette évolution inespérée.

Après ce chapitre, le couple parental s'efface peu à peu au profit de Mr et Mrs Kuti, qui font figure de parents de substitution qui accompagnent l'enfant dans ses années au Lycée d'Abekuota, avant le passage au Lycée National. Si Daodu Kuti ressemble fort à Essay par sa stature de proviseur, sa culture de lettré, il est beaucoup plus autoritaire que le vrai père (il punira le jeune Wole dans le cadre de sa fonction mais le jeune garçon ne lui en tiendra pas vraiment rigueur) ; en revanche, Beere Kuti, la femme du proviseur, s'oppose à Chrétienne Sauvage, dans le sens où elle est beaucoup plus douce et complice que la vraie mère de Soyinka (qui réapparaît à la fin du livre dans le cadre de la lutte des femmes), comme on peut le voir dans la dernière page du livre, où Beere sourit largement à l'enfant pour le consoler de ne pas recevoir les chaussures tant désirées, alors que Daodu pérore contre les Blancs. En revanche, elle est dotée d'un grand charisme et se fait admirer par Wole grâce à son implication dans le syndicat des femmes. Ainsi, elle apparaît, à l'instar de Daodu, comme un modèle de fierté et de lutte contre les Blancs.

Fiche 9

Le temps de l'enfance

1. Jean-Jacques Rousseau

Tout au long des livres I et II de l'*Émile*, Jean-Jacques Rousseau insiste beaucoup sur la nécessité de respecter le temps de l'enfance, qui est une période essentielle et à part. Pour lui, l'enfance est fondatrice dans le sens où c'est à ce moment que se joue le destin de l'individu : s'il est mal élevé, il sera un adulte mauvais, vicieux, malheureux. Il faut donc réussir cette entrée dans le monde qu'est l'enfance.

Rousseau distingue d'ailleurs plusieurs phases dans l'enfance : la première précède l'acquisition du langage, la deuxième va jusqu'à la pré-adolescence (dix-onze ans). Chaque phase a sa temporalité, son rythme à ne pas perturber. Le premier livre décrit la première phase, le deuxième s'occupe de la seconde. Le philosophe marque bien ces étapes : « Les premiers développements de l'enfance se font presque tous à la fois. L'enfant apprend à parler, à manger, à marcher à peu près dans le même temps. C'est ici proprement la première époque de sa vie. Auparavant il n'est rien de plus que ce qu'il était dans le sein de sa mère ; il n'a nul sentiment, nulle idée ; à peine a-t-il des sensations ; il ne sent pas même sa propre existence ». Avec le langage, l'*infans* devient *puer* et prend vraiment conscience de lui-même.

La première des choses à faire pour le gouverneur de l'enfant est de faire la part entre ce qu'on peut exiger d'un enfant et ce qu'on doit attendre d'un adulte. Il ne faut surtout pas envisager l'enfant comme un pré-adulte : « il faut considérer l'homme dans l'homme et l'enfant dans l'enfant. » En rappelant cette distinction évidente mais souvent oubliée, Jean-Jacques Rousseau recommande aux adultes de ne pas projeter leur regard et leurs exigences sur les jeunes individus, car cela risque d'être écrasant pour l'enfant.

Pour le philosophe, il faut éveiller l'enfant en lui parlant, en lui montrant des éléments naturels mais ne pas trop vite chercher à lui apprendre des choses : « Respectez l'enfance, et ne vous pressez point de la juger, soit en bien, soit en mal. [...] Laissez longtemps agir la nature, avant de vous mêler d'agir à sa place, de peur de contrarier ses opérations. » Le temps de l'enfance n'est pas propice à l'abstraction, comme le montre le refus d'apprendre la géométrie de manière abstraite aux enfants.

Rousseau n'a de cesse de critiquer les méthodes d'apprentissage de son temps qui reposent sur une forme de gavage de connaissances. Il montre que derrière cela, il y a la volonté de fabriquer des savants et un mépris de l'enfance en tant que telle : « La nature veut que les enfants soient enfants avant que d'être hommes. Si nous voulons pervertir cet ordre, nous produirons des fruits précoces, qui n'auront ni maturité ni saveur, et ne tarderont pas à se corrompre ; nous aurons de jeunes docteurs et de vieux enfants. L'enfance a des manières de voir, de penser, de sentir, qui lui sont propres ; rien n'est moins sensé que d'y vouloir substituer les nôtres ». Ainsi, les contemporains de Rousseau dénaturent l'enfant et ne le laissent pas vivre sa vie suivant le penseur.

La nature impose donc son rythme au développement de l'enfant et nous devons la respecter. Rousseau rappelle que la plupart des techniques d'éducation de son temps veulent au contraire accélérer les processus d'acquisition afin de plus vite transformer l'enfant en futur adulte, prêt à assumer des charges ou à tenir une certaine place ou un rang bien précis dans la société. Or, le penseur veut surtout former un individu apte au bonheur : « vivre est le métier que je veux lui apprendre. En sortant de mes mains, il ne sera, j'en conviens, ni magistrat, ni soldat, ni prêtre ; il sera premièrement homme ». Cela implique aussi que sa méthode est ouverte à tous et peut s'appliquer à tous les enfants quelle que soit leur position sociale, ce qui rappelle l'engagement du philosophe en faveur de la démocratie.

Le conditionnement pour devenir un adulte pré-déterminé, élément central dans la société d'Ancien régime, c'est évidemment ce que Rousseau veut éviter en élevant son protégé à la campagne, dans la solitude, loin de ses parents et de tout représentant du monde extérieur. En le coupant de la société pressée de le transformer en homme, on sauve l'enfant et l'on donne en quelque sorte du temps au temps ; il faut le laisser vivre pleinement le temps de son enfance, ne pas trop penser à l'avenir : « Que faut-il donc penser de cette éducation barbare qui sacrifie le présent à un avenir incertain, qui charge un enfant de chaînes de toute espèce, et commence par le rendre misérable, pour lui préparer au loin je ne sais quel prétendu bonheur dont il est à croire qu'il ne jouira jamais ? ». Au contraire, pour le penseur genevois, nous devons le laisser vivre au jour le jour car il n'a pas conscience de la nécessité d'entrer dans le monde adulte s'il est coupé du monde. Ainsi, à la fin du livre II, quand il propose un bilan de la première éducation d'Émile, l'auteur insiste sur le droit au bonheur de l'enfant et sur la sagesse de sa méthode éducative qui favorise le présent et donc le bonheur de l'instant sur la prévision d'un hypothétique avenir : « Il est parvenu à la maturité de l'enfance, il a vécu de la vie d'un enfant, il n'a point acheté sa perfection aux dépens de son bonheur ; au contraire, ils ont concouru l'un à l'autre. En acquérant toute la raison de son âge, il a été heureux et libre autant que sa constitution lui permettait de l'être. Si la fatale faux vient moissonner en lui la fleur de nos espérances, nous n'aurons point à pleurer à la fois sa vie et sa mort, nous n'aigrirons point nos douleurs du souvenir de celles que nous lui aurons causées ; nous nous dirons : Au moins il a joui de son enfance ; nous ne lui avons rien fait perdre de ce que la nature lui avait donné. » N'oublions pas qu'à l'époque, la mortalité infantile était très élevée et qu'il n'était pas rare de perdre un enfant en bas âge ou avant la puberté, ce qui peut expliquer le souhait de Rousseau de laisser Émile profiter pleinement de sa jeunesse. C'est aussi à une leçon épicurienne que nous convie le philosophe : se concentrer sur l'instant est le meilleur moyen de le savourer pleinement et de dégager son esprit du souci de l'avenir.

Il faut également prendre son temps quand on apprend des choses à un enfant. En effet, en pressant l'enfant, on risque de mal faire et de provoquer des dégâts irréversibles qu'il traînera toute sa vie : « Les enfants qu'on presse trop de parler n'ont le temps ni d'apprendre à bien prononcer, ni de bien concevoir ce qu'on leur fait dire : au lieu que, quand on les laisse aller d'eux-mêmes, ils s'exercent d'abord aux syllabes les plus faciles à prononcer ».

Il faut donc aller doucement et s'adapter au rythme particulier, individuel de son élève, ce qui implique attention et suivi constant (« traitez votre élève selon son âge » dit-il au précepteur). L'éducateur doit prendre le temps de connaître son protégé avant de mettre en place son enseignement qui doit donc être personnalisé : « observez bien votre élève avant de lui dire le premier mot ; laissez d'abord le germe de son caractère en pleine liberté de se montrer, ne le contraignez en quoi que ce puisse être, afin de le mieux voir tout entier. » Naturellement, cela n'est possible que dans une relation constante et exclusive avec l'enfant.

Parallèlement, pour Rousseau, il est bon de laisser l'enfant jouer, rêver, voire ne rien faire car il ne perd jamais vraiment son temps (l'enfant stimule son imagination même quand il semble s'ennuyer). Le temps de l'enfant n'a pas le même rythme que le nôtre, il n'est pas perçu de la même manière et il faut laisser du temps pour l'oisiveté : « Vous êtes alarmé de le voir consumer ses premières années à ne rien faire. Comment ! n'est-ce rien que d'être heureux ? n'est-ce rien que de sauter, jouer, courir toute la journée ? De sa vie il ne sera jamais si occupé. »

Jean-Jacques Rousseau va même plus loin dans cette défense de l'oisiveté et propose de retarder les apprentissages le plus possible, voire de perdre du temps : ainsi, Émile apprendra à lire tardivement, on lui inculquera des principes moraux sur le tard. Cette perte de temps, cette stratégie du retardement est érigée au rang de principe, aussi paradoxale puisse-t-elle paraître aux yeux des contemporains de Rousseau : « Oserais-je exposer ici la plus grande, la plus importante, la plus utile règle de toute l'éducation ? ce n'est pas de gagner du temps, c'est d'en perdre. [...] en commençant par ne rien faire, vous auriez fait un prodige d'éducation ».

Ainsi, Rousseau veut que l'éducation suive le rythme spécial du temps de l'enfance, période exceptionnelle qui doit être appréhendée en tant que telle et non comme des prémices de l'âge adulte : « Chaque âge, chaque état de la vie a sa perfection convenable, sa sorte de maturité qui lui est propre. Nous avons souvent ouï parler d'un homme fait ; mais considérons un enfant fait : ce spectacle sera plus nouveau pour nous, et ne sera peut-être pas moins agréable. »

2. Hans Christian Andersen

Dans les contes d'Andersen, le temps de l'enfance est présenté comme une période heureuse et privilégiée, sauf pour quelques cas comme la petite marchande d'allumettes. En général, les enfants vivent en parfaite harmonie avec leur entourage. Il y a cependant quelques cas de dissension voire de rejet : ainsi, le vilain petit canard est très vite marginalisé par ses frères et sœurs puis par tous les animaux, excepté sa mère et les cygnes rencontrés à la fin du récit. Pour lui, le temps de l'enfance est un temps d'épreuve, un long chemin de croix mais à la fin du conte, le personnage fait un bilan rétrospectif et interprète cette période comme la condition d'un bonheur nouveau : « Il se sentait vraiment heureux d'être passé par toutes les détresses et les adversités qu'il avait connues. Il appréciait maintenant son bonheur et toute la splendeur qui l'accueillait. » (p. 137). On peut dire que le temps de l'enfance lui a permis de se forger une personnalité et de se constituer un nouvel entourage qui lui convenait mieux.

Par ailleurs, si le temps de l'enfance est souvent associé à une période heureuse, il n'en reste pas moins vrai que l'enfant souhaite très vite en sortir et veut grandir. Il veut connaître des aventures, découvrir le monde, et sa conception du temps est dominée par une projection constante dans l'avenir, une impatience presque constitutive. Cela se retrouve dans plusieurs contes dont « Le sapin » : dès le début, l'arbre veut grandir : « Mais le petit sapin était pressé de pousser. » (p. 139). Tout entier tourné vers l'avenir, il ne sait pas profiter du présent, contrairement à ce que préconisait Jean-Jacques Rousseau, et cela le mène à de nombreuses illusions suivies de violentes désillusions : « "Voilà la vie qui recommence !" pensa l'arbre. Il sentait l'air frais, le premier rayon de soleil, et il était maintenant dans la cour. [...] Maintenant je vais vivre ! pensa-t-il, en débordant de joie, et il déploya largement ses branches. Hélas, elles étaient toutes sèches et jaunies. » (p. 148). Ainsi, le sapin vieillit sans s'en rendre compte et passe à côté de sa vie. C'est uniquement en fin de récit qu'il le réalise : « Fini ! Fini ! dit le pauvre arbre. Si seulement je m'étais réjoui quand je le pouvais ! » (p. 148). Hans Christian Andersen propose à l'occasion de ce conte une morale sous-jacente invitant son jeune public à profiter du temps présent et à ne pas être trop impatient.

Cette préoccupation constante de l'avenir se retrouve également dans « La petite sirène » : la jeune créature marine est dès le départ présentée comme un être à part, comme le vilain petit canard, même si elle n'est pas marginalisée par son entourage (« C'était une enfant étrange, silencieuse et réfléchie » p. 56). On découvre assez vite qu'elle souhaite ardemment découvrir le monde terrestre car elle est soumise à la promesse de sa grand-mère (« Lorsque vous aurez quinze ans, dit la grand-mère, vous aurez la permission de monter à la surface de la mer et de vous asseoir au clair de lune sur des rochers, pour voir passer les grands bateaux, et vous verrez des forêts et des villes. » p. 57) et dans une forme d'imitation vis-à-vis de ses grandes sœurs : « Aucune n'était plus impatiente que la plus jeune [...] C'est justement parce qu'elle ne pouvait pas y aller que tout cela lui faisait le plus envie. » (p. 57-58). Elle attend donc ses quinze ans et découvre l'amour lors de sa première sortie ; à partir de ce moment, son rapport au temps change et s'emballe : elle choisit de devenir humaine, renonçant à son état antérieur et tirant donc un trait définitif sur son enfance, sa famille, son milieu, mais ne parvient pas à rester vraiment humaine : dès qu'elle apparaît dans le monde terrestre et adulte, elle s'avère impuissante, littéralement sans voix, ce qui est problématique pour une sirène qui charme par son chant. Elle a donc perdu une part d'elle-même avec l'enfance. Il n'est pas anodin que la mutation irréversible se produise vers l'âge de quinze ans, à l'adolescence, et la transformation en humaine pourrait symboliser la transformation biologique interne de la fillette en jeune femme. Toujours est-il que sa vie adulte est bien courte et décevante. Notons également que c'est lorsqu'elle atteint l'âge de quinze ans que la jeune princesse des « Cygnes sauvages » est ramenée à la cour par la méchante reine et suscite sa jalousie, ce qui va entraîner ses mésaventures : « Quand elle eut quinze ans, il fallut qu'elle retourne chez elle et lorsque la reine vit combien elle était belle, elle fut remplie de colère et de haine à son égard. » (p. 96). Quand une fille sort du temps de l'enfance, c'est rarement positif dans les contes d'Andersen. Pensons aussi, dans un registre plus réaliste, à la trajectoire de la vieille fille qui se trouve dans l'hospice de Vartou ou à la vieille Johanne, autrefois gaie et charmante, qui va vieillir dans la solitude et le malheur.

D'autres contes manifestent une angoisse sous-jacente par rapport au vieillissement et à la sortie du monde de l'enfance : dans « Les Cygnes sauvages », un avertissement est très tôt donné aux lecteurs (« Oh ! Tout allait pour le mieux pour ces enfants, mais il ne devait pas en être ainsi pour toujours ! » p. 95). Dans un autre récit, le bonhomme de neige qui espérait tant rentrer dans la maison pour se chauffer auprès du poêle et qui est présenté pendant tout le conte comme un enfant ignorant qui découvre le monde peu à peu grâce aux enseignements du chien de garde, ne réalisera jamais son rêve et finit par fondre quand la température baisse (déjà le parcours du chien suggérait une déperdition liée à l'âge car le chien, autrefois choyé quand il était jeune, est mis dehors et enchaîné, après avoir tenté de mordre un humain). Quant au petit crapaud imprudent, qui n'aspire qu'à grandir (« je souhaite simplement pouvoir arriver un jour jusqu'à la margelle du puits pour regarder à l'extérieur. C'est certainement charmant ! » p. 340), il meurt avant même de devenir adulte, tué par la cigogne (symbole de la maternité et de la naissance). Le vaillant soldat de plomb, lui aussi handicapé (il lui manque un morceau de jambe), connaît bien des aventures et des errances mais finira fort mal, jeté au feu par un enfant. Décidément, il ne fait pas bon vieillir dans le monde merveilleux d'Hans Christian Andersen.

De même, dans des récits moins féeriques, Hans Christian Andersen suggère cette même idée de perte lorsque l'on quitte le temps de l'enfance. Ainsi, dans « Une histoire des dunes », Jorgen va découvrir l'amour à l'adolescence en allant en ville mais cela ne lui portera pas chance car il sera accusé injustement du meurtre de son rival amoureux et ne pourra pas épouser celle qu'il aime. Quant à Rasmus le pouilleux, il tombe en complète déréliction quand il sort du temps de l'enfance : il perd sa gaieté première, sombre dans un état dépressif et se dégrade de plus en plus jusqu'à mourir dans la misère : « C'est ainsi qu'il finit par sombrer dans la mélancolie. Il tenait plus de son père que de sa mère. » (p. 394). Le souvenir du temps passé, réactivé en permanence par son amie Johanne, creuse encore plus la distance et le sentiment de perte : « Mais pense tout de même à ta mère et à ton enfance ! Tu étais à l'époque un garçon gentil et pieux. » (p. 401).

Ainsi, sortir du temps de l'enfance n'est pas toujours positif pour Andersen. Il y a toutefois des situations où les jeunes adultes parviennent à garder leur âme d'enfant, ce qui leur permet d'éviter une évolution brutale et une forme de déperdition. C'est bien sûr cette solution qu'Hans Christian Andersen préconise à ses lecteurs : la fin exemplaire de « La reine des neiges » illustre cette utopie d'une enfance préservée dans le cœur des adultes. « La grand-mère était assise sous les rayons vifs du soleil de Dieu et elle lisait à haute voix dans la Bible : « Si vous ne devenez pas comme des enfants, vous n'entrerez pas dans le royaume de Dieu. » [...] Ils étaient assis là, tous deux, adultes et cependant enfants, enfants par le cœur, et c'était l'été, l'été chaud et béni. » (p. 188). On retrouve cette permanence heureuse dans « La cloche » quand Andersen décrit les communiants : « Puis vint un jour de confirmation, le pasteur avait fait un beau sermon émouvant, les communiants avaient été vivement émus, c'était un jour important pour eux, d'enfants qu'ils étaient, ils devenaient adultes, leur âme d'enfant devait passer en quelque sorte dans une personne plus raisonnable. » (p. 222-223). Le conteur en appelle à une transition douce du stade de l'enfance à l'âge adulte et la fin du conte où un jeune communiant pauvre découvre en même temps que le fils du roi la cloche céleste et fraternise avec lui devant le soleil couchant illustrerait cette permanence de l'innocence et de la bonté enfantine à l'âge adulte. Cependant, cela reste une situation exceptionnelle dans les contes d'Andersen.

3. Wole Soyinka

Dans *Aké les années d'enfance*, le temps de l'enfance occupe tout l'ouvrage et constitue une période bénie et globalement heureuse : aucun nuage dans ce tableau optimiste des premières années de Wole Soyinka.

On retrouve comme chez Rousseau plusieurs grandes étapes dans ce récit, en fonction de l'évolution psychologique et de la croissance de l'enfant : une première grande période comprend les premières années avant la prise de conscience du passage du temps, puis une autre s'ouvre avec la découverte de la mort (celle de Folasade, la jeune sœur qui meurt bébé) et du changement et va jusqu'à l'entrée au lycée d'Abekuota, juste après la cérémonie d'initiation à Isara et les menaces sur la santé du père du narrateur, Essay, et enfin une troisième grande étape, celle de la pré-adolescence couvre les années au lycée local avant l'entrée au Lycée National. Wole Soyinka donne des indications sur son âge tout au long du récit, si bien qu'on voit son évolution : le récit commence alors que l'enfant n'a pas encore trois ans puis s'achève avec l'aveu de l'âge de onze ans et demi dans les dernières pages du chapitre XV.

Dans les premières années, le temps de l'enfance est présenté comme une période presque atemporelle, dans le sens où l'enfant ne se situe pas dans l'histoire, ne donne pas de date, et semble exister dans une espèce de présent perpétuel heureux et sans perspective. Cela rappelle la conception du temps mythique des origines, d'avant la chute, si on se réfère à la Bible. La référence au jardin d'Adam et Ève évoqué à l'occasion de la description du verger et les nombreuses allusions à une présence de Dieu dans les premières pages du chapitre d'ouverture semblent donner une impression d'intemporalité, comme si l'enfant évoluait dans un paradis immuable, où les seules marques temporelles sont des récurrences (retour régulier des fêtes de fin d'année à Isara).

Le constat du changement généralisé intervient plus tardivement dans le chapitre VII qui marque l'entrée dans un monde moins magique, plus en phase avec la réalité : la découverte de la mort est centrale et accompagne cette prise de conscience du changement. L'enfant précise d'ailleurs qu'il a un désir d'évoluer et le changement lié au vieillissement n'est pas du tout vu comme un inconvénient ou une catastrophe. Au contraire, Wole semble enthousiaste au début du chapitre, comme le montrent les majuscules et les points d'exclamation qui accompagnent les mots « changer », « changement » : « J'espérais que moi-même un jour je pousserais et deviendrais grand comme mon père, mais je n'étais pas du tout pressé. » Cela renvoie à des éléments annonciateurs de ce désir de grandir présent dans les premiers chapitres, quand Wole a hâte d'aller à l'école (mais plutôt par imitation de sa sœur et de son père) ou quand il attend avec impatience son troisième anniversaire.

En revanche, la compréhension de la mort de Folasade qui se fait avec une certaine lenteur est l'occasion d'une vraie crise : « soudain tout se brisa en moi. Une force venue de nulle part me poussa contre le lit et je me mis à hurler. […] Les larmes m'avaient envahi, je me sentais aspiré vers un lieu de malheur dont la cause et les limites demeuraient insaisissables. » Il y aurait là un début de sortie de la pure innocence et une forme de « chute dans le temps » pour reprendre un titre du philosophe Cioran.

Après l'entrée au lycée d'Abekuota, le jeune Wole change de rapport au temps : il est coupé de sa famille, ne vit plus dans un temps répétitif, il progresse car il poursuit des études, a un objectif assigné par son père (entrer au Lycée National avec une bourse), ce qui accélère en quelque sorte son rythme de vie. L'ouvrage se termine par une ouverture sur l'avenir, sur la prévision de l'entrée dans le monde adulte, plus complexe et plus absurde que le monde de l'enfance : « Le moment était venu d'entreprendre les mutations mentales nécessaires pour accéder à un nouvel univers d'adultes irrationnels et à leur discipline. »

Mais la sortie du temps de l'enfance se fait en douceur chez Wole Soyinka, car il y a beaucoup de périodes de transition.

Fiche 10

L'enfant et la nature

1. Jean-Jacques Rousseau

La nature est évidemment essentielle dans la pensée de Jean-Jacques Rousseau. Il nous faut distinguer les deux sens principaux : la nature au sens philosophique, considérée comme état originel de l'homme, et la nature au sens commun actuel, conçue comme environnement regroupant faune, flore et paysages.

Considérons plutôt le deuxième sens car nous aborderons le premier sens plutôt dans la fiche 12 « Comment éduquer l'enfant ? ».

Jean-Jacques Rousseau insiste sur le cadre naturel dans lequel doit se dérouler l'éducation d'Émile. Fervent partisan de la campagne, ennemi de la civilisation moderne urbaine accusée de dénaturer l'homme et de lui faire perdre sa bonté originelle, le philosophe choisit d'élever son jeune protégé à la campagne pour préserver sa pureté.

Ainsi, il écrit : « Les villes sont le gouffre de l'espèce humaine. Au bout de quelques générations les races périssent ou dégénèrent ; il faut les renouveler, et c'est toujours la campagne qui fournit à ce renouvellement. Envoyez donc vos enfants se renouveler, pour ainsi dire, eux-mêmes, et reprendre, au milieu des champs, la vigueur qu'on perd dans l'air malsain des lieux trop peuplés. »

Ces diatribes ne sont pas rares chez le philosophe des Lumières qui a toujours jeté un regard critique sur le progrès technique, l'urbanisation accrue et ses conséquences sur les populations paysannes. N'oublions pas non plus que les villes du dix-huitième siècle n'avaient pas le même degré de propreté et de confort qu'aujourd'hui, et on peut comprendre cette préférence pour la campagne, d'autant plus que Rousseau a lui-même très vite choisi de vivre en reclus, grâce à l'hospitalité de ses protecteurs et mécènes, qui possédaient de riches domaines près de Paris, s'adonnant aux promenades et à l'herboristerie. Quand le philosophe imagine un monde idéal dans la fameuse utopie du domaine de Clarens dans son célèbre roman *La Nouvelle Héloïse*, paru un an avant l'*Émile*, il le situe à la campagne… naturellement.

Le penseur genevois revient dans le livre II à ce choix de la campagne : « je veux élever Émile à la campagne, loin de la canaille des valets, les derniers des hommes après leurs maîtres ; loin des noires mœurs des villes, que le vernis dont on les couvre rend séduisantes et contagieuses pour les enfants ; au lieu que les vices des paysans, sans apprêt et dans toute leur grossièreté, sont plus propres à rebuter qu'à séduire, quand on n'a nul intérêt à les imiter ». Cette fois-ci, on constate que la campagne n'est pas seulement choisie pour ses qualités physiques mais aussi pour sa population plus simple et réputée moins corrompue. Jean-Jacques Rousseau confirme ici ses préjugés anti-urbains et son tropisme rural et veut couper Émile des mauvaises influences, du contact avec des personnes perverties par la ville. Fantasme de Rousseau ou réalité sociologiquement observable, nul ne saurait le dire précisément. Toujours est-il que le philosophe recommande la campagne également pour le précepteur du jeune garçon qui doit lui aussi préserver son autorité et sa pureté et écarter donc toute possibilité de corruption de l'enfant : « Au village, un gouverneur sera beaucoup plus maître des objets qu'il voudra présenter à l'enfant ; sa réputation, ses discours, son exemple, auront une autorité qu'ils ne sauraient avoir à la ville ; étant utile à tout le monde, chacun s'empressera de l'obliger. » On le voit, la campagne offre pour le penseur un cadre privilégié qui permet l'isolement et donc, théoriquement bien sûr, la préservation de la pureté de l'enfant.

Mais pour Jean-Jacques Rousseau, la vie à la campagne ne répond pas seulement à des préoccupations géographiques ou sociales mais correspond à une vie simple, rustique, au sens premier du mot : Émile doit être élevé simplement, comme un paysan, pour apprendre au contact de la nature et pour s'endurcir. En effet, Rousseau recommande qu'on présente à l'enfant les animaux les plus laids comme les crapauds pour qu'il ne soit pas effrayé ensuite (« Je veux qu'on l'habitue à voir des objets nouveaux, des animaux laids, dégoûtants, bizarres, mais peu à peu, de loin, jusqu'à ce qu'il y soit accoutumé, et qu'à force de les voir manier à d'autres, il les manie enfin lui-même. ») ; il suggère également de laisser l'enfant s'ébattre joyeusement et faire de l'exercice dans la campagne.

On invite même l'enfant à cultiver la terre et à s'occuper un peu d'un jardin, ce qui permet de lui apprendre le sens de la propriété non pas abstraitement (ce qui serait peu adapté à un jeune enfant) mais concrètement. Si l'enfant cultive des légumes, il verra les efforts que cela demande et appréciera d'autant plus la nourriture. Le petit dialogue entre Émile et le jardinier imaginé par l'auteur montre bien que la vie rustique est un vrai modèle de probité et de simplicité pour notre philosophe.

La vie au grand air est plus saine pour le philosophe car l'air est meilleur mais l'alimentation également (il préconise un régime plus végétarien que carné, ce qui correspond à ce que mangent les paysans de l'époque pour qui la viande est un mets exceptionnel). L'auteur recommande une certaine frugalité, non exempte pourtant parfois de gourmandise : « Conservons à l'enfant son goût primitif le plus qu'il est possible ; que sa nourriture soit commune et simple, que son palais ne se familiarise qu'à des saveurs peu relevées, et ne se forme point un goût exclusif. […] Au reste, quelque sorte de régime que vous donniez aux enfants, pourvu que vous ne les accoutumiez qu'à des mets communs et simples, laissez-les manger, courir et jouer tant qu'il leur plaît ; puis soyez sûrs qu'ils ne mangeront jamais trop et n'auront point d'indigestions. » Ainsi, l'enfant apprendra à se modérer lui-même et ne cédera pas longtemps à la gloutonnerie car l'indigestion le pousserait à ne plus recommencer à faire bombance.

De plus, le contact avec la nature permet de fortifier l'enfant : il doit expérimenter le froid, les agressions de la nature, la maladie. Plutôt que de le confier à des médecins (Rousseau considère leur art comme mensonger), le penseur préfère apprendre à son jeune protégé à supporter la maladie, qui est un phénomène naturel. Cela peut nous paraître bien étrange aujourd'hui mais cela a une certaine cohérence pour cet amoureux inconditionnel de la nature qu'est Rousseau, pour qui rien de mauvais n'existe vraiment dans la nature. Jean-Jacques Rousseau se souvient sans doute de l'éducation des jeunes Spartiates, rude et austère, mais qui formait de futurs soldats aguerris. Il rappelle d'ailleurs l'anecdote célèbre d'un enfant de Sparte qui cachant un renard sous son habit, l'a laissé lui dévorer les entrailles plutôt que de signaler sa présence par des cris.

Ainsi, à la fin du livre II, Jean-Jacques Rousseau estime avoir réussi à préserver le bon naturel de l'enfant en le maintenant dans un cadre parfaitement naturel et en l'amenant à suivre l'exemple de la nature en toute chose. Toutefois, il faut souligner l'extrême idéalisation du mode de vie campagnard décrit par le philosophe. N'imaginons pas que tous les paysans français du dix-huitième siècle vivaient dans ce paradis pastoral plus proche de l'Arcadie mythique que de la réalité historique marquée souvent par la misère, les disettes voire les famines.

2. Hans Christian Andersen

Comme chez beaucoup de conteurs, la nature a une place cruciale dans le recueil d'Andersen. En effet, la nature est présentée tout d'abord comme une nature enchantée, vivante, où le végétal et l'animal vivent tout autant que les êtres humains. Ainsi, cette nature est totalement anthropomorphisée : les fleurs de la petite Ida dansent, le sapin parle, tout comme le crapaud, les canards, les poissons… ce qui peut plaire évidemment à un enfant en bas âge qui n'a pas encore de rapport logique et rationnel au monde qui l'entoure.

Hans Christian Andersen explore des zones inconnues à son époque, ce qui suscite une réinvention fantaisiste et poétique : il dépeint les fonds marins comme un monde merveilleux au début de « La petite sirène » et dans « Le grand serpent de mer ». Il n'y a pas de monstres dans la nature présentée par Andersen : tout semble justifié par Dieu créateur du monde, tout est à sa place. De même, lorsqu'il évoque le jardin de l'empereur chinois dans « Le rossignol », le conteur danois multiplie les merveilles (château en porcelaine fine, cloches d'argent accrochées aux fleurs, rossignol magnifique), cherche à susciter l'admiration du jeune lecteur, renforcée sans doute par un effet d'exotisme (il y a peu de chances au dix-neuvième siècle qu'un jeune Danois puisse voir la Chine) et de magie, car le jardin de l'empereur est présenté comme un lieu mi-artificiel mi-naturel, à la frontière entre la nature et la culture (p. 115).

Cette nature est toujours belle et le soleil brille toujours : l'ouverture du « vilain petit canard » est exemplaire de cette idéalisation (« Il faisait si bon à la campagne ! C'était l'été. Les blés étaient jaunes, l'avoine verte, le foin avait été ramassé en tas dans les vertes prairies, et la cigogne se promenait sur ses longues pattes rouges en parlant l'égyptien, car c'est cette langue-là qu'elle avait apprise de sa mère. » p. 127). On retrouve cette belle harmonie quasi divine au début de « La reine des neiges » : « Et les enfants se tenaient par la main, donnaient des baisers aux roses et plongeaient le regard dans la clarté du soleil de Dieu et lui parlaient comme si l'Enfant Jésus avait été là. » « Comme elles étaient belles, ces journées d'été, comme il faisait bon dehors près des rosiers vivaces qui semblaient ne jamais vouloir s'arrêter de fleurir ! » (p. 155). Un véritable sentiment d'éternité, de suspension du temps flotte dans ce passage, comme si le monde décrit était antérieur à la faute d'Adam et Ève, les enfants symbolisant l'innocence d'avant la chute.

Si Hans Christian Andersen privilégie la campagne dans ses contes, il évoque parfois aussi l'univers urbain mais ne le condamne pas radicalement comme le faisait Jean-Jacques Rousseau. Au contraire, la ville est le lieu des opportunités d'ascension dans la société, mais elle symbolise aussi le passage à l'âge adulte pour bien des personnages partis tenter leur chance dans le monde (Jorgen, Hans).

Dans cet univers de contes, tout semble vivant et même les éléments naturels s'animent : le vent raconte des histoires à qui veut les entendre dans « Ce que racontait la vieille Johanne » ou bien « Le vent raconte l'histoire de Valdemar Daae et de ses filles », le soleil est vu comme le signe de la présence du Dieu créateur sur la terre, comme le montre la très belle fin de « La reine des neiges » : « La grand-mère était assise sous les rayons vifs du soleil de Dieu et elle lisait à haute voix dans la Bible : « Si vous ne devenez pas comme des enfants, vous n'entrerez pas dans le royaume de Dieu. » […] Ils étaient assis là, tous deux, adultes et cependant enfants, enfants par le cœur, et c'était l'été, l'été chaud et béni. » (p. 188).

Mais la nature apparaît aussi comme un espace à parcourir et à conquérir pour des enfants un peu plus grands. La traversée du monde est vue comme une étape initiatique qui permet à de jeunes enfants de gagner en maturité en sortant du cocon familial et en découvrant la vie : ainsi, dans « La reine des neiges », le jeune Kay veut connaître le monde et c'est pour cette raison qu'il part avec la reine des neiges ; son amie Gerda désire le retrouver plus que tout et c'est pour cela qu'elle va partir à sa recherche et traverser plusieurs espaces naturels (dont une forêt où elle est capturée par des brigands) pour arriver jusqu'à la terre glacée du grand nord et au palais de glace de la reine des neiges, présenté comme un lieu mortifère où le temps s'arrête, où la nature vivante a disparu car tout est congelé. Dans sa quête, elle est aidée par des animaux qui lui donnent des nouvelles de Kay (la corneille, les pigeons) et vit en bonne entente avec cette nature qu'elle découvre peu à peu. À la fin du conte, elle ramène Kay à la civilisation chez la grand-mère et on constate qu'ils ont grandi. C'est l'exploration du monde et de la nature qui a fait passer les enfants à l'âge adulte sans qu'ils ne s'en aperçoivent.

D'autres personnages d'Hans Christian Andersen vont développer un rapport panthéiste envers la nature, c'est-à-dire une forme d'admiration sans borne et de fusion avec cette nature qu'ils contemplent, avec une dimension spirituelle en arrière-plan. Ils ne se sentent plus seuls mais partie prenante de cette nature ; cette réaction, typique de la pensée romantique, héritée du nouveau rapport à la nature institué par l'œuvre de Rousseau (notamment dans son dernier ouvrage *Les rêveries du promeneur solitaire*), s'accompagne d'un bonheur intense et d'un sentiment d'accomplissement. Ainsi, dans « La cloche », les enfants partis à la recherche de la cloche qui sonne si fort, ont quitté la ville et se sont enfoncés dans la forêt, lieu initiatique s'il en est. Pendant tout le récit, le personnage principal, le fils du roi, va découvrir une nature de plus en plus belle, où tous les animaux vivent en paix, et il retrouve une vie simple (il fraternise avec un enfant pauvre). C'est à la fin du conte que le héros arrivé au sommet de rochers découvre l'origine des sons de cloche, le ciel, alors qu'il contemple la mer : « Oh ! Quelle splendeur ! La mer, la mer immense et magnifique s'étendait devant ses yeux, roulant ses longues vagues contre la côte, et le soleil ressemblait à un grand autel qui aurait resplendi à l'horizon, là où la mer et le ciel se rencontraient. Tout se fondait dans les feux du couchant, la forêt chantait et la mer chantait et son cœur chantait avec elles ; la nature était une grande église sacrée dont les arbres et les nuages suspendus en l'air étaient les piliers, les fleurs et l'herbe son tapis de velours et le ciel lui-même sa vaste coupole. » (p. 226-227). Dans ce beau passage, la nature se déploie comme un paysage infini, habité par la spiritualité et la joie : elle devient un temple à ciel ouvert, conformément à l'image de la nature divine propice à la méditation religieuse ou philosophique qui s'est développée avec le courant romantique européen (pensons aux poèmes de Lamartine comme « L'isolement » ou « Le lac »). Ce « chant du monde », pour reprendre un titre du romancier Jean Giono, met en joie le héros et il vibre à l'unisson de ce paysage sublime. Cette impression d'absorption du héros dans le paysage, de fusion entre intériorité et extériorité, correspond à ce que Sigmund Freud et son ami et correspondant le romancier français Romain Rolland décriront au début du vingtième siècle comme un « sentiment océanique », qui pourrait se définir comme « un sentiment d'union indissoluble avec le grand Tout, et d'appartenance à l'universel » (Freud). Ici, le fils du roi a cette impression d'éternité et de participation pleine et entière à l'univers ; parallèlement à cette union avec la nature, on note une réunion avec le jeune garçon pauvre dans une nouvelle fraternité bénie par la cloche céleste : « ils coururent l'un vers l'autre, et se tinrent par la main dans la grande église de la nature et de la poésie, et au-dessus d'eux retentissait le son de la cloche sacrée invisible ; des esprits bienheureux l'entouraient de leurs danses tandis que résonnait un alléluia plein d'allégresse » (p. 227).

3. Wole Soyinka

Le rapport de l'enfant à la nature est fondamental dans *Aké les années d'enfance*. En effet, dès le début de l'ouvrage, Wole Soyinka rappelle qu'il a commencé sa vie dans un lieu isolé, une mission, Aké, qui se situe en marge de la ville et qui est saturé d'espaces naturels assez luxuriants, comme peuvent en témoigner les premières descriptions du chapitre I. Il est question du Verger assimilé au jardin d'Éden, lieu de l'innocence humaine avant la chute, et la grenade prend la place de la pomme dans l'imaginaire des jeunes enfants, mais également du fameux jardin d'Essay vu comme une merveille d'harmonie et de beauté, que le jeune Wole admire particulièrement. Il décrit son père qui défend farouchement ses roses contre un professeur qui en a coupé une, puis son père malade errant dans son jardin comme un fantôme.

La nature est aussi présentée comme un lieu magique, quasi-sacré, notamment les jardins de l'Évêché où erre le fantôme de l'ancien évêque Crowther (voir la fiche sur la magie de l'enfance). Cette harmonie de l'enfant avec la nature est une composante essentielle du rapport au monde idéalisé de l'enfance, où le conflit n'existe pas, où le temps n'a décidément pas de prise. Ainsi, les bois qui font peur aux enfants dans le premier chapitre et qui sont censés être peuplés par les esprits, les egungun, s'inscrivent dans la tradition des contes et des légendes où la forêt incarne la sauvagerie, la puissance naturelle qui dépasse les hommes, le lieu des bêtes fauves ou des animaux dangereux. C'est aussi dans les bois que l'on perd les enfants, qu'on les abandonne dans de nombreux mythes mais cela peut être aussi un lieu initiatique dans plusieurs cultures (l'oncle Sanya quitte la forêt pour échapper aux egungun). Image d'éternité, la nature représente symboliquement une époque d'avant la chute, et Wole Soyinka semble assez proche dans son évocation de la nature des grands romanciers sud-américains du vingtième siècle qui cultivent le « réalisme magique » comme son contemporain Gabriel Garcia Marquez, lauréat du Prix Nobel quelques années avant lui.

L'autre grand lieu naturel décrit dans le livre se situe dans la campagne, à Isara, terre d'origine de la famille Soyinka, où vit le grand-père, lieu qui est associé par l'enfant à l'exceptionnalité des fêtes de fin d'année. C'est à Isara que Wole va avoir des contacts concrets avec la nature : il cultive le jardin de son père Essay avec un ami de la famille, il tue un serpent avec ce même homme et le mange ensuite dans un ragoût. Ce travail de la terre lui plaît et lui permet de se glisser dans le rôle d'un adulte qu'il admire (son père) et de lui rendre service car Essay n'a pas le temps de s'occuper du jardin.

Au fur et à mesure que Wole grandit, le contact avec la nature va s'amenuiser et l'environnement perd peu à peu sa dimension magique. Ainsi, revenant sur ses premières années lorsqu'il est adulte, le narrateur ne peut que constater l'évolution négative d'éléments naturels qu'il pensait éternels, comme le grand baobab du chapitre V : « Même le baobab a perdu de sa taille avec le temps ; et pourtant j'avais cru que ce rempart serait éternel, échapperait aux perspectives élargies d'une enfance disparue. »

Fiche 11

La magie de l'enfance

1. Jean-Jacques Rousseau

Le philosophe des Lumières ne développe pas vraiment cet aspect-là car il a une vision rationnelle de l'enfance et son projet est de former au mieux l'individu pour qu'il devienne un adulte libre et responsable, qui ne croit pas à la magie mais plutôt à la raison. Toutefois, le philosophe présente bien une vision idéalisée de l'enfance et insiste beaucoup sur l'imagination de l'enfant qui doit se développer sans être bridée. Il faut que l'enfant vive pleinement ses premières années, il faut le laisser jouer suivant les usages de son âge et ne pas chercher à en faire trop vite un adulte : ainsi pour le penseur, « il faut considérer l'homme dans l'homme et l'enfant dans l'enfant. », ce qui revient à considérer que la magie de l'enfance doit être préservée. Si Jean-Jacques Rousseau refuse de mettre les fables de La Fontaine entre les mains d'Émile, ce n'est pas parce qu'il refuse des animaux parlants et autres fantaisies mais surtout parce qu'elles lui paraissent immorales et donc anti-pédagogiques.

Les dernières pages du livre II décrivant un enfant joyeux (« N'est-ce pas le spectacle de cet âge, un spectacle charmant et doux, de voir un joli enfant, l'œil vif et gai, l'air content et serein, la physionomie ouverte et riante, faire, en se jouant, les choses les plus sérieuses, ou profondément occupé des plus frivoles amusements ? ») montrent bien que le penseur genevois refuse d'enfermer l'enfant dans une attitude trop sérieuse et trop savante : il doit suivre les loisirs de son âge et peut donc s'adonner aux délices de l'imagination (sans que cela ne nourrisse des peurs ou des appréhensions qui l'empoisonneront plus tard dans son âge adulte) et à la magie de l'enfance.

2. Hans Christian Andersen

Le monde dépeint par Hans Christian Andersen est évidemment empreint de magie et de merveilleux. On ne s'attendrait pas à moins pour un auteur de contes de fées, mais il n'en reste pas moins que certains récits, plus réalistes, plus pathétiques, sont très éloignés de la magie de l'enfance.

Ainsi, dans beaucoup de ses contes les plus anciens, Andersen fait intervenir des personnages merveilleux issus de la culture nordique traditionnelle : pensons à la sorcière du « Briquet », à la petite sirène reprenant la figure de l'ondine, au troll du « vaillant soldat de plomb », responsable de tous les maux du conte, au diable qui est décrit comme un troll au début de « La reine des neiges », au lutin de « Le lutin chez le charcutier ». Cela correspond assez bien à la vision enfantine du monde où la causalité rationnelle et scientifiquement déterminable n'est pas dominante, laissant la place à la féerie et aux explications imaginaires. N'oublions pas non plus que la méchante reine des « Cygnes sauvages » a transformé les onze fils de son mari en cygnes.

Par ailleurs, Hans Christian Andersen enrichit fortement ce personnel merveilleux en donnant vie et parole aux êtres inanimés, ce qui traduit aussi la vision enfantine où tout peut parler, animaux ou objets inanimés. Ainsi, les soldats de plomb bougent et parlent (« Aussitôt, les jouets commencèrent à s'amuser, ils jouèrent à recevoir des visites, à faire la guerre et à donner un bal. » p. 90) ; de même que les figurines de bergère, de ramoneur et bien d'autres jouets (la figurine du vieux Chinois est décrite comme un grand-père qui veille d'un peu trop près à la bergère et au ramoneur). La vision anthropomorphique du monde de l'enfant se retrouve en permanence dans bien des récits, comme dans « Les fleurs de la petite Ida » où les fleurs s'animent la nuit quand la petite fille dort, correspondant à son rêve secret et à l'histoire racontée par l'étudiant. À la fin du conte, Ida se réveille et voit le ballet des fleurs avec émerveillement (p. 50-51), mais le lendemain matin, les fleurs fanées seront recueillies par la petite fille qui les mettra avec sa poupée. Cette vision féerique du bal floral est un moyen pour nier la triste réalité, celle du caractère éphémère de ces fleurs tôt vouées à se faner et donc à mourir, puis cela permet à la jeune fille de comprendre ensuite la mort des fleurs et de l'accepter. Ici, la magie de l'enfance sert à atténuer et à « apprivoiser » ou faire accepter la mort.

De même, les animaux parlent chez Andersen mais sont souvent anthropomorphisés, comme dans des fables : ainsi, la famille de crapauds du conte « Le crapaud » est évoquée par une famille immigrée considérée comme des parias, la mère du vilain petit canard accuse le père de ne jamais venir la voir, les poissons curieux qui apparaissent dans « Le grand serpent de mer » symbolisent des gens bien réels du monde terrestre qui discuteraient des bienfaits du progrès… Cette vision correspond bien à ce qu'un enfant est prêt à accepter et à la conception particulière de la vraisemblance d'auditeurs en bas âge.

De plus, des êtres inanimés particulièrement liés au monde de l'enfance comme le bonhomme de neige, le sapin (lié à Noël) sont souvent doués de la parole mais leur parcours est rarement positif : le bonhomme de neige est condamné à fondre avec la fin de l'hiver et ne rentrera jamais dans la maison, alors que le sapin qui n'aspire qu'à grandir vieillit sans s'en rendre compte et finira au feu. On est bien loin de la magie de l'enfance dans ces contes assez pathétiques qui apprennent à l'enfant que le temps passe vite et nous conduit à la mort, sans aucun miracle pour l'empêcher.

En revanche, Hans Christian Andersen va innover en incorporant des éléments merveilleux ou fantastiques dans un univers plus réaliste et pathétique. À ce titre, l'apparition de la grand-mère qui va inviter sa petite-fille à la suivre dans un pays où tout est mieux, dans « La petite fille aux allumettes » semble exemplaire : on ne sait pas si c'est une vraie intervention « magique » ou si c'est une vision délirante de la petite fille qui est en train de mourir de froid et dont l'esprit pourrait divaguer. Cela laisse la porte ouverte à une forme de fantastique car le fantastique naît quand il y a un doute et qu'on hésite entre une explication claire (surnaturel expliqué et donc rationalisé) et une intervention du merveilleux (typique des contes de fée qui se situent au-delà du rationnel), suivant la célèbre définition proposée par le critique structuraliste Tzvetan Todorov dans sa fameuse *Introduction à la littérature fantastique*.

On trouve également un récit ouvertement fantastique dans le recueil qui n'a rien du conte de fées mais fait penser à une nouvelle d'Hoffmann ou d'Adalbert von Chamisso, ami personnel d'Andersen. Il s'agit de « L'ombre », récit fantastique où un homme perd son ombre qui prend son indépendance et qui en vient à développer une vie personnelle plus aboutie et plus réussie que celle de son ancien maître. À la fin du conte, alors que l'ombre, couronnée de succès, s'apprête à épouser une princesse, l'homme est arrêté et mis à mort. Ce récit sombre va au-delà de la magie et tourne plutôt au cauchemar, d'autant plus qu'on peut proposer des interprétations psychanalytiques assez riches de cette histoire de double maléfique (l'ombre est une notion importante dans la théorie psychanalytique de Carl Gustav Jung, ancien disciple puis rival de Sigmund Freud).

Enfin, les derniers contes du recueil, écrits plus tardivement par Hans Christian Andersen, semblent globalement moins enclins à la magie de l'enfance. On confine plus au réalisme social pathétique voire parfois mélancolique, plus proche de l'art d'un Charles Dickens, célèbre romancier victorien de l'enfance (Dickens est d'ailleurs cité dans le dernier conte). Ainsi, dans « Ce que racontait la vieille Johanne » ou « L'invalide », « Une histoire des dunes », Andersen montrerait l'abandon progressif de la magie de l'enfance car ses personnages grandissent, vieillissent et évoluent heureusement (Hans) ou malheureusement (Jorgen, Rasmus, Johanne) dans un monde plus complexe que celui de l'enfance, celui des adultes.

3. Wole Soyinka

Dans *Aké les années d'enfance*, les premières années du jeune Wole sont largement décrites comme une période heureuse, magique, peuplée d'éléments merveilleux que l'on peut expliquer par la naïveté du garçon et ses croyances.

Ainsi, l'espace d'Aké est présenté comme un lieu merveilleux, où les esprits et les créatures magiques peuvent entrer en communication avec le monde des hommes, et notamment avec les enfants. Dès le premier chapitre, Chrétienne Sauvage raconte à ses enfants les aventures de son frère Sanya qui avait rencontré les esprits des bois au cours de promenades nocturnes. Le jeune Wole croit lui aussi à la présence du divin dans la sphère humaine : les premières pages du livre présentent Aké comme le lieu où Dieu peut venir sur terre et le verger de la mission est comparé à un nouveau jardin d'Éden où la grenade remplacerait la pomme comme fruit défendu (« Il était clair que seul le grenadier pouvait être le pommier qui avait fait perdre à Adam et Ève les joies du paradis. »). Toujours dans ce premier chapitre, le jeune garçon raconte comment il a vu l'ancien évêque Crowther qui reposait dans le jardin de l'Évêché et comment l'homme s'est subitement métamorphosé en corps pourrissant, faisant tomber ses yeux devant l'enfant. Pour le narrateur, l'ancien évêque, décédé plusieurs années auparavant, serait un esprit familier hantant ces lieux, sans être pour autant hostile : « les évêques, une fois morts, rejoignaient le monde des esprits et des fantômes ».

Le monde d'Aké baigne donc dans une forme de « numineux », pour reprendre un concept mis au point par Rudolf Otto au début du vingtième siècle, ce qui désigne un sentiment de présence du sacré, d'appréhension sensible du divin, qui ne passe pas encore par des religions révélées. C'est d'autant plus sensible que le jeune Wole est partagé entre la culture chrétienne protestante inculquée à l'École du Dimanche qui peuple l'esprit de l'enfant de belles histoires fabuleuses comme celles de Jonas ou Adam et Ève, et la culture traditionnelle yoruba, peuplée d'esprits des bois, de fantômes, et autres créatures de l'au-delà. L'enfant crée une forme de syncrétisme mêlant les deux cultures, établissant aussi des ponts entre elles.

Ses rapports avec la fille du libraire, Bukola, montrent également la tendance de Wole à accepter le merveilleux (souvenons-nous qu'il est présenté souvent comme un rêveur, un garçon qui aime les histoires) : il est persuadé de ses pouvoirs magiques (« Il me semblait que Bukola faisait partie des habitants de cet autre monde où la voix était prise, démêlée, retissée et renvoyée en coupons de plus en plus réduits. ») et ne renie jamais cet aspect-là par la suite, car Bukola disparaîtra assez vite du récit.

Par ailleurs, le jeune garçon voit le monde avec un regard très naïf et se montre volontiers particulièrement imaginatif : tout ce qui est nouveau ou insolite prend une coloration magique. Ainsi, son camarade Osiki le fascine (« Je ne voyais plus Osiki mais… la Vitesse, la Rapidité ! C'était la première fois que je réfléchissais au phénomène de la rapidité humaine, et la traversée de la cour par Osiki ressemblait fort à de la magie. »), Daodu sur sa moto vêtu d'un grand boubou dans lequel le vent s'engouffre devient presque un personnage de légende.

Les grands événements importants pour un enfant sont également vus à travers ce prisme merveilleux : Wole pensait que son anniversaire s'organiserait tout seul par magie sans qu'il ait besoin de prévenir ses amis (« En fait l'Anniversaire fut exactement ce que j'attendais qu'il fût, une fois qu'il eut dépassé ses petites limites décevantes, à savoir qu'il ne venait pas tout seul et qu'il fallait lui rappeler de venir. »).

De même, la promenade solitaire dans la ville au cours du grand défilé décrite dans le troisième chapitre est évoquée comme un voyage initiatique où Wole découvre un monde démesuré, immense, qu'il ne peut pas appréhender (« il paraissait impossible qu'il existât tant de *choses* au monde ! ») : le mur de la mission ne se prolonge pas indéfiniment, les gens rencontrés sur le marché semblent merveilleux (« Dans son domaine, le boucher était un personnage tout aussi magique que le tambour-major qui jonglait avec son bâton. »), les vieilles marchandes sont prises pour des sorcières (« Était-ce là les sorcières dont on entendait tant parler ? Je n'avais encore jamais vu de poitrines aussi plates, aussi peu humaines. »).

En outre, le rocher Jonas, refuge personnel du garçon, semble lui empreint d'une forte magie : « cela appartenait à un monde de fables, de fantaisies, celui de la lampe d'Aladin et du Sésame-ouvre-toi ».

Enfin, des épisodes de la vie quotidienne non compris par l'enfant sont présentés comme des moments merveilleux, magiques, comme l'installation de la radio puis du courant électrique bien avant au domicile des Soyinka, au début du huitième chapitre : « Nous appuyions sur le bouton et la pièce était inondée de lumière. [...] Il [le père, Essay] faisait semblant de croire que c'était de la magie. », « Maintenant les ouvriers étaient en train de poser un nouveau fil sur les murs et nous nous demandions quelle nouvelle magie allait se produire. » Le fonctionnement de la radio semble aussi merveilleux à travers le regard de l'enfant : « Maintenant sans qu'on le leur eût demandé, des voix chantaient dans la nouvelle boîte. »

N'oublions pas que le narrateur raconte avoir assisté à un vrai spectacle de magie organisé par des professionnels (« La Maison du centenaire accueillait un cortège ininterrompu de magiciens qui, invariablement, avaient été “formés aux Indes” »). Curieusement, ce spectacle réel, impressionnant s'il en est, semble nettement moins féerique que les imaginations merveilleuses de l'enfant, comme si l'événement concret tuait le charme : « finalement le haut fait s'accomplit, les yeux du volontaire prirent un aspect vitreux et le Docteur vint s'immobiliser triomphant devant la forme inerte. [...] Quelques spectateurs s'enfuirent, d'autres se couvrirent les yeux et se mirent à hurler. Quant à moi, je demeurai bouche bée d'horreur, incapable d'admettre qu'une soirée de magie fût sur le point de s'achever de façon si violente. »

En revanche, la magie de l'enfance va commencer à s'estomper après la cérémonie d'initiation pratiquée par le grand-père à Isara, au neuvième chapitre. À partir de ce moment, Wole, qui a grandi, rentre au lycée dirigé par Daodu et découvre peu à peu la vie et le monde tel qu'il est. La dernière page du livre marque la sortie de l'univers magique de l'enfance et la confrontation avec les problèmes sociaux et politiques de l'époque.

Fiche 12

Comment éduquer l'enfant ?

1. Jean-Jacques Rousseau

Cette question est évidemment centrale dans l'œuvre de Jean-Jacques Rousseau et nous essaierons de nous en tenir aux principes généraux de l'analyse du philosophe.

En premier lieu, il convient de préciser que Jean-Jacques Rousseau a bien conscience de proposer un programme éducatif très éloigné des pratiques de son temps et il le revendique dans la préface de l'ouvrage, assumant cette distance : « On croira moins lire un traité d'éducation que les rêveries d'un visionnaire sur l'éducation. » Souhaitant répondre à ses détracteurs qui lui reprochent l'aspect utopique de son projet, le philosophe revendique un certain volontarisme : « Proposez ce qui est faisable, ne cesse-t-on de me répéter. [...] Pères et mères, ce qui faisable est ce que vous voulez faire. Dois-je répondre de votre volonté ? ». On le voit, Jean-Jacques Rousseau renvoie chaque parent à sa responsabilité et l'échec ne peut venir de sa méthode mais de la faiblesse de ceux qui l'appliquent.

D'autre part, le penseur genevois avoue lui-même ne pas être qualifié pour éduquer un enfant et raconte avoir souvent décliné des propositions d'amis : « Je suis trop pénétré de la grandeur des devoirs d'un précepteur, et je sens trop mon incapacité, pour accepter jamais un pareil emploi de quelque part qu'il me soit offert ; et l'intérêt de l'amitié même ne serait pour moi qu'un nouveau motif de refus. » Le philosophe va même plus loin en anticipant la mauvaise publicité qu'obtiendra son ouvrage : « Je crois qu'après avoir lu ce livre, peu de gens seront tentés de me faire cette offre ; et je prie ceux qui pourraient l'être, de n'en plus prendre l'inutile peine. J'ai fait autrefois un suffisant essai de ce métier pour être assuré que je n'y suis pas propre, et mon état m'en dispenserait, quand mes talents m'en rendraient capable. J'ai cru devoir cette déclaration publique à ceux qui paraissent ne pas m'accorder assez d'estime pour me croire sincère et fondé dans mes résolutions. » On le voit, Jean-Jacques Rousseau, fidèle à ses habitudes de mise en avant de soi et d'auto-flagellation, s'accuse de ne pas être un bon éducateur pour prouver aux autres sa sincérité et décourager par avance toute attaque. Il n'en reste pas moins que ce piètre éducateur propose ensuite de construire une fiction pédagogique où Émile serait le personnage principal. Rousseau n'est décidément pas à une contradiction près.

Après avoir posé l'hypothèse de l'élève imaginaire, Jean-Jacques Rousseau aborde la question de la méthode d'éducation qui tient en deux grands principes : faire le contraire de ce qui se fait habituellement ; suivre et laisser faire la nature.

En effet, le penseur n'a de cesse d'inviter ses lecteurs à prendre le contre-pied des usages de l'époque : « Prenez bien le contre-pied de l'usage, et vous ferez presque toujours bien. Comme on ne veut pas faire d'un enfant un enfant, mais un docteur, les pères et les maîtres n'ont jamais assez tôt tancé, corrigé, réprimandé, flatté, menacé, promis, instruit, parlé raison. Faites mieux : soyez raisonnable, et ne raisonnez point avec votre élève, surtout pour lui faire approuver ce qui lui déplaît. » On comprend l'hostilité croissante que Rousseau rencontrera dans la suite de sa carrière littéraire car il aime choquer, cristalliser les oppositions autour de lui, pour ensuite s'en plaindre et accuser la méchanceté d'autrui.

Jean-Jacques Rousseau manie avec beaucoup de dextérité et de finesse l'art du paradoxe, au sens propre : il s'agit d'aller contre l'opinion commune, la doxa, d'ébranler les certitudes et de forcer les lecteurs à changer de pratique après avoir pris conscience de l'absurdité ou de la nocivité de certains usages. Ainsi, il critique ceux qui veulent apprendre aux enfants à user de leur raison : « Le chef-d'œuvre d'une bonne éducation est de faire un homme raisonnable : et l'on prétend élever un enfant par la raison ! C'est commencer par la fin, c'est vouloir faire l'instrument de l'ouvrage. Si les enfants entendaient raison, ils n'auraient pas besoin d'être élevés. » De même, il invite les parents à ne pas réagir tout de suite aux pleurs et aux cris de leurs enfants (« Tant qu'il pleure, je ne vais point à lui ; j'y cours sitôt qu'il s'est tu. Bientôt sa manière de m'appeler sera de se taire, ou tout au plus de jeter un seul cri. »), à les laisser subir le froid et la souffrance à la manière de vrais petits Spartiates (« C'est à cet âge qu'on prend les premières leçons de courage, et que, souffrant sans effroi de légères douleurs, on apprend par degrés à supporter les grandes. »), à ne pas quérir le médecin quand ils sont malades (« Faute de savoir se guérir, que l'enfant sache être malade. »), à ne pas les obliger à dire la vérité, à ne pas leur inculquer de principes de morale précis, à ne pas leur apprendre des choses abstraites, à ne pas leur donner de livre. Autant d'éléments qui vont à l'encontre de pratiques bien habituelles encore aujourd'hui mais que l'auteur juge inappropriées voire destructrices. Jean-Jacques Rousseau se montre à la fois austère sur bien des aspects et permissif sur d'autres, et tout ceci au nom du respect du rythme et du modèle de la nature.

Suivre la nature est évidemment le principe fondamental de l'éducation pour ce philosophe qui a posé comme axiome de sa pensée la bonté originelle de l'homme. Si tout est bon dans la nature, l'éducation devra préserver le plus longtemps possible cette pureté de l'enfant et empêcher toute introduction du vice. Il s'agit donc pour Rousseau de pratiquer une éducation négative ou inactive : « La première éducation doit donc être purement négative. Elle consiste, non point à enseigner la vertu ni la vérité, mais à garantir le cœur du vice et l'esprit de l'erreur. […] en commençant par ne rien faire, vous auriez fait un prodige d'éducation ».

De plus, la nature est sans cesse rappelée comme la norme qu'il faut suivre et que personne ne saurait contester, sous peine de passer pour un dénaturé ou un dégénéré : « La nature veut que les enfants soient enfants avant que d'être hommes. Si nous voulons pervertir cet ordre, nous produirons des fruits précoces, qui n'auront ni maturité ni saveur, et ne tarderont pas à se corrompre ; nous aurons de jeunes docteurs et de vieux enfants. L'enfance a des manières de voir, de penser, de sentir, qui lui sont propres ; rien n'est moins sensé que d'y vouloir substituer les nôtres. » Elle semble parfois représenter un modèle bien sévère : « Employez la force avec les enfants et la raison avec les hommes ; tel est l'ordre naturel ; le sage n'a pas besoin de lois. »

On a parfois le sentiment que Rousseau se réfugie derrière cette norme naturelle qui serait d'après lui universelle et incontestable mais il ne le prouve à aucun moment. Après tout, l'idée d'une nature humaine intemporelle, universelle, a été vivement critiquée et démantelée pendant tout le dix-neuvième siècle (Darwin montre que la nature est en évolution et non pas figée éternellement) et le vingtième siècle (le philosophe existentialiste Jean-Paul Sartre attaque l'idée de nature humaine au nom de la liberté humaine qui est fondamentale). On pourrait donc revenir sur cette obsession de nature qui caractérise Jean-Jacques Rousseau et montrer les soubassements religieux, philosophiques voire personnels de cette confiance dans la nature, mais cela dépasserait ici notre propos. Cette idée de nature est d'ailleurs centrale chez la plupart des philosophes du XVIIIe siècle.

Jean-Jacques Rousseau propose de prendre la nature pour guide mais aussi d'avoir une approche que nous appellerions aujourd'hui pragmatique et expérimentale. L'enfant doit apprendre par l'exemple, par l'expérimentation personnelle car pour Rousseau, il n'a pas dans ses jeunes années de raison ni même de mémoire (ce qui peut nous paraître un peu étrange). Il faut donc se servir de sa tendance imitatrice pour lui inculquer concrètement de bonnes pratiques : ainsi, on donne les premières notions de propriété non par des raisonnements abstraits mais en laissant l'enfant cultiver un jardin et travailler pour récolter des légumes dont il pourra se nourrir. D'ailleurs, ce passage paraît assez curieux lorsqu'on se souvient que dans le *Discours sur l'origine et les fondements de l'inégalité parmi les hommes*, écrit en 1755, Jean-Jacques Rousseau faisait de l'invention et de la reconnaissance de la propriété l'acte fondateur de l'inégalité parmi les premiers hommes.

Toujours est-il que la méthode pragmatique, reposant sur l'expérimentation directe qui fait de l'enfant un acteur plein et entier de son apprentissage a évidemment de beaux avantages car elle permet pour Jean-Jacques Rousseau de se passer des professeurs, qu'il appelle les pédants (mot pour désigner péjorativement les professeurs au dix-septième siècle). Ainsi, Rousseau critique en permanence les professeurs qui assènent leur savoir à l'enfant sans se soucier de son bien-être : « Notre manie enseignante et pédantesque est toujours d'apprendre aux enfants ce qu'ils apprendraient beaucoup mieux d'eux-mêmes, et d'oublier ce que nous aurions pu seuls leur enseigner. »

Pour le philosophe, l'éducation traditionnelle serait même nocive pour le bonheur de l'enfant : « Que faut-il donc penser de cette éducation barbare qui sacrifie le présent à un avenir incertain, qui charge un enfant de chaînes de toute espèce, et commence par le rendre misérable, pour lui préparer au loin je ne sais quel prétendu bonheur dont il est à croire qu'il ne jouira jamais ? »

N'oublions pas que Rousseau attaque l'éducation pratiquée à son époque, surtout au bénéfice des nobles et des bourgeois (l'écrasante majorité de la population française est illettrée jusqu'au dix-neuvième siècle et ce sont les lois de Jules Ferry qui imposeront l'éducation pour tous en 1881.). Il faut également rappeler que Jean-Jacques peut être largement considéré comme un autodidacte qui s'est formé lui-même tout au long de sa vie (il a été éduqué en pension par un pasteur protestant, M. Lambercier mais, étant d'origine populaire et fils d'artisan, il a interrompu très tôt sa scolarité pour être placé en apprentissage). Cette hostilité contre les professeurs a des fondements philosophiques, historiques mais peut-être aussi personnels.

Par ailleurs, si Jean-Jacques Rousseau critique autant les professeurs traditionnels qui usent et abusent du rationnel, de l'autorité et n'ont cure du bien-être des chers bambins, il a de très fortes exigences quant au gouverneur ou précepteur d'Émile qui doit être en tout point parfaitement exemplaire. En effet, il prend là encore le contre-pied de la réalité de son temps en proposant un gouverneur jeune, empathique et proche de l'élève. Mais il faut aussi être ferme face à l'élève, il faut lui faire comprendre les choses par lui-même sans lui imposer des leçons de morale abstraites. Pour Rousseau, le gouverneur parfait est difficile à trouver et il doit être parfait pour enseigner parfaitement. Tout ceci est évidemment fort logique et souhaitable mais le philosophe reconnaît tout de même la difficulté de trouver une telle perle : « Un gouverneur ! ô quelle âme sublime !… En vérité, pour faire un homme, il faut être ou père ou plus qu'homme soi-même. […] Comment se peut-il qu'un enfant soit bien élevé par qui n'a pas été bien élevé lui-même ? Ce rare mortel est-il introuvable ? Je l'ignore. »

Mais si le professeur parfait semble quelque peu difficile à trouver dans le monde réel, il n'en reste pas moins que Jean-Jacques Rousseau (qui affirme ne pas pouvoir éduquer des enfants) lui assène de nombreuses recommandations tout au long de l'œuvre, étant en permanence sur lui comme il doit surveiller sans arrêt l'enfant… tout en le laissant libre naturellement.

Enfin, l'éducation pour Rousseau ne doit pas aboutir à former des savants, mais des hommes accomplis et heureux (« vivre est le métier que je veux lui apprendre. En sortant de mes mains, il ne sera, j'en conviens, ni magistrat, ni soldat, ni prêtre ; il sera premièrement homme »), comme le montre la fin du livre II où le philosophe trace un portrait de son Émile joyeux et pur, qui sait profiter du présent et des joies d'une vie simple. Dans cette splendide utopie pastorale, le jeune protégé est merveilleusement épanoui et son instruction a été volontairement retardée le plus possible pour qu'il puisse profiter de son enfance : « Il est parvenu à la maturité de l'enfance, il a vécu de la vie d'un enfant, il n'a point acheté sa perfection aux dépens de son bonheur ; au contraire, ils ont concouru l'un à l'autre. En acquérant toute la raison de son âge, il a été heureux et libre autant que sa constitution lui permettait de l'être. »

Au risque de perturber ce finale splendide, il convient toutefois de noter quelques ombres dans ce projet éducatif : tout d'abord, l'enfant est complètement coupé de ses parents (« Émile est orphelin. Il n'importe qu'il ait son père et sa mère. Chargé de leurs devoirs, je succède à tous leurs droits. Il doit honorer ses parents, mais il ne doit obéir qu'à moi. C'est ma première ou plutôt ma seule condition. »), mais aussi de toute société et ne fréquente que son précepteur et pas vraiment d'autres enfants (la seule mention de petits camarades est liée aux jeux de nuit, abordés à la fin du livre II), ce qui peut créer une forme d'isolement et peut-être d'inadaptation sociale future ; ensuite, rappelons que Jean-Jacques Rousseau choisit son élève et le façonne à sa guise, ce qui peut être plus difficile à appliquer dans la vraie vie, il refuse notamment et sans ambages un enfant malade (« Je ne me chargerais pas d'un enfant maladif et cacochyme, dût-il vivre quatre-vingts ans. Je ne veux point d'un élève toujours inutile à lui-même et aux autres, qui s'occupe uniquement à se conserver, et dont le corps nuise à l'éducation de l'âme. ») ; de plus, la relation privilégiée et exclusive entre un élève choisi et un précepteur exceptionnel voire surhumain peut paraître difficilement applicable en dehors du cadre d'une éducation aristocratique où il y a un professeur pour un élève ; enfin, on peut se demander si on rend vraiment service à l'enfant en le coupant ainsi du monde réel avec sa complexité, sa méchanceté et ses difficultés. Émile a l'immense mérite d'être un pur être de papier, une fiction totale, mais imaginons un Émile réel, formé suivant les principes du bon Jean-Jacques, évoluer dans la (triste) réalité du monde…

2. Hans Christian Andersen

Nous voyons peu de scènes d'éducation enfantine dans le recueil proposé au programme. Hans Christian Andersen montre souvent des familles unies, où la mère (ou la grand-mère) assume l'essentiel de l'éducation. Les pères sont moins représentés : certains sont indignes ou absents comme le père du vilain petit canard, qui est accusé par la mère de ne jamais venir la voir. D'autres sont exemplaires, comme le pêcheur qui élève Jorgen avec sa femme pour remplacer leur propre enfant décédé peu de temps auparavant dans « Une histoire des dunes ». En tout cas, Hans Christian Andersen ne présente jamais de conflit entre le père et la mère dans l'éducation de l'enfant : tout semble converger pour le plus grand bien de l'enfant dans ce monde de contes de fées. De son côté, Valdemar Daae est dépeint comme un père très aimant, quoiqu'infortuné.

De même, d'autres personnages du milieu familial peuvent pousser l'enfant à se développer comme la tante dans le dernier conte du recueil qui pousse le jeune étudiant à devenir poète, mais sans que cela n'aboutisse vraiment car il meurt prématurément et a renoncé à sa vocation pour éviter de nouvelles rages de dents.

Viennent en complément les autorités religieuses protestantes qui assurent la formation spirituelle de l'enfant. Ainsi, dans « La cloche », on assiste à une cérémonie religieuse avec des communiants : « Puis vint un jour de confirmation, le pasteur avait fait un beau sermon émouvant, les communiants avaient été vivement émus, c'était un jour important pour eux, d'enfants qu'ils étaient, ils devenaient adultes, leur âme d'enfant devait passer en quelque sorte dans une personne plus raisonnable. » (p. 222-223). L'éducation religieuse est toujours présentée comme positive par le conteur, elle n'est jamais rigoriste ou restrictive, bien au contraire.

D'autres personnages contribuent à l'éducation de l'enfant, comme les riches protecteurs des familles pauvres, dans « L'invalide » : c'est grâce à ces philanthropes fortunés (« Ils voulaient rendre tous les gens aussi heureux qu'eux. […] Les enfants pauvres de la paroisse étaient invités, chacun accompagné de sa mère. » p. 416) que le jeune Hans pourra se développer grâce au livre de contes qu'ils lui ont offert mais aussi grâce à leur aide financière quand il se lancera dans des études à la ville. Cela n'est pas sans rappeler le propre parcours d'Andersen, prénommé lui aussi

Hans, qui a pu quitter son milieu familial défavorisé grâce au soutien de protecteurs opulents et bienveillants.

Seuls quelques personnages représentant le monde des adultes sont présentés comme des freins à l'éducation et au développement des enfants : ainsi, la méchante reine des « Cygnes sauvages » nuit évidemment à ses beaux-enfants et fait que leur père les oublie ; de son côté, la reine des neiges enlève Kay et l'empêche de grandir, le préservant dans l'enfance, car il est littéralement congelé dans le palais de glace où le temps semble ne plus passer. D'autres contestent le libre cours donné à l'imagination comme le conseiller de chancellerie, personnage assez grincheux qui conteste les histoires abracadabrantes que l'étudiant met dans la tête de la jeune Ida : « A-t-on idée de faire croire des choses pareilles à cette enfant ? C'est de l'imagination, ce sont des stupidités ! Mais la petite Ida trouvait pourtant amusant ce que l'étudiant disait de ses fleurs, et elle réfléchit beaucoup à la question. » (p. 48). Cet austère conseiller âgé représenterait le principe de réalité par opposition au principe de plaisir incarné par le jeune étudiant imaginatif. De même, la figurine représentant un vieux chinois dans « La bergère et le ramoneur » incarne un éducateur rigoriste et peu ouvert, arc-bouté sur des principes de morale pudibonds et excessifs.

Mais ce qui semble le plus important pour Hans Christian Andersen, en plus de l'éducation familiale, religieuse et scolaire (valorisée dans « L'invalide », notamment), c'est ce qu'on appelle « l'école de la vie » : l'enfant apprend et grandit au contact du monde et d'autrui, fût-ce parfois à ses dépens. Hans Christian Andersen multiplie les images de sortie du monde dans « Le crapaud », « La reine des neiges », « Une histoire des dunes » et bien d'autres contes, mais il faut reconnaître que les enfants découvrent bien des déconvenues dans ce parcours et finissent parfois par en mourir comme le crapaud et la petite sirène ; d'autres s'en sortent mieux et obtiennent un meilleur sort comme dans « Le vilain petit canard », « La cloche » où le fils du roi et le pauvre communiant fraternisent sous la cloche céleste, ou « L'invalide ».

3. Wole Soyinka

L'éducation de l'enfant n'est pas la préoccupation centrale de Wole Soyinka dans cet ouvrage mais on retrouve plusieurs techniques dans *Aké les années d'enfance*. Nous suivons en effet l'éducation du jeune Wole jusqu'à l'âge de onze ans et demi, et on trouve une éducation prise en charge par les parents et ensuite assumée en partie par le proviseur du lycée d'Abekuota, Daodu.

Contrairement à Jean-Jacques Rousseau, Wole Soyinka ne propose pas de méthode révolutionnaire et il ne porte pas vraiment de jugement sur l'éducation qu'il a reçue. Son éducation peut paraître assez vraisemblable et correspondre plutôt bien à l'instruction donnée aux enfants dans les années 1930. Notons que Wole reçoit une éducation chrétienne car il va à l'École du Dimanche, ce qui semble lui plaire assez (« Car c'était à l'École du Dimanche que l'on racontait les vraies histoires, les histoires qui vivaient dans les événements eux-mêmes, franchissaient les limites des dimanches et des pages de la Bible pour entrer dans l'univers des pays, des femmes et des hommes fabuleux. »), mais aussi une éducation plus traditionnelle, notamment de la part de sa mère. Il n'y a pas de conflit entre les deux types d'éducation, Chrétienne Sauvage reprenant elle aussi les principes chrétiens mais en les adaptant.

Si nous nous intéressons au duo père/mère, nous constatons que c'est la mère, Chrétienne Sauvage, qui assume l'essentiel de l'autorité, alors que le père, qui assume pourtant des fonctions de direction à l'école, semble plus débonnaire et conciliant, ce que lui reproche régulièrement son épouse (« C'est son père qui est trop patient. Moi, je l'assommerais au moment même où il ouvrirait la bouche et il verrait que je ne plaisante pas. »). Elle ne se gêne d'ailleurs pas pour dire franchement son avis à son époux : « Tu ne devrais pas trop l'encourager, mon chéri. Il est trop raisonneur. » Essay, le père du narrateur, fait l'objet d'un grand respect et d'une forte admiration de la part de son fils qui s'identifie à lui (« Quant à mon père, évidemment, je le tenais pratiquement pour invulnérable. »), car il incarne le savoir, la notoriété (« Papa et moi nous appartenions à un monde à part. »). En revanche, la mère n'est pas autant mise en valeur par le regard de l'enfant. Cette femme est pourtant présentée comme une mère attentive et accomplie, une vraie mère nourricière universelle qui s'occupe de ses enfants, des cousins mais aussi d'enfants qui ne sont pas les siens : « Chrétienne Sauvage, appuyée tacitement par son mari, aimait plus que personne collectionner les petits abandonnés. »

Mais en bonne mère qui aime bien et châtie bien, Chrétienne Sauvage n'hésite pas à punir l'enfant, à le fesser ou à le frapper quand il n'obéit pas ou fait des choses interdites : ainsi, elle le corrige quand il mange le produit lacté destiné à son frère, mais cela ne l'empêche pas de recommencer en cachette, à la faveur de la nuit. Elle le menace de châtiments assez souvent mais l'enfant ne comprend pas toujours pourquoi, ce qui nuit évidemment à l'efficacité de la punition : « Au profond de moi-même, je sentais que j'allais vers un terrible châtiment. Je n'arrivais pas à préciser comment je l'avais mérité ni ce qu'il fallait faire pour l'éviter. »

Mais l'enfant se présente aussi comme très choyé par ses parents et souvent valorisé pour ses bons mots, ses réactions vives et intelligentes, voire pour son courage lorsqu'il revient de sa promenade solitaire hors de la mission. N'en faisons donc surtout pas un enfant martyre.

Face au couple parental, les époux Kuti, Ransome (Daodu) et Beere, permettent de poursuivre l'éducation du jeune garçon qui entre dans la pré-adolescence, après le passage où Essay, malade, semble aux portes de la mort. Beere, la femme de Daodu, a une dimension plus maternelle et douce que Chrétienne Sauvage, notamment dans les dernières pages du livre, où elle sourit au jeune Wole qui vient d'annoncer qu'il ira au Lycée National, et c'est Daodu, le proviseur du lycée d'Abekuota et ami de la famille Soyinka, qui assume l'autorité. Il est partisan de méthodes traditionnelles et cherche à fortifier le caractère des enfants (« Le L. A. était à juste titre considéré comme une école d'aguerrissement, comme un terrain d'entraînement, pour apprendre à survivre. »), à les élever dans un cadre strictement africain, comme le montre le dernier chapitre de l'ouvrage. En effet, Daodu se révèle très sévère vis-à-vis de l'éducation à l'anglaise pratiquée au Lycée National : selon lui, ces méthodes modernes, moins rigoristes que ses propres préceptes, tendent à amollir les enfants, à leur enlever leur force de caractère pour mieux les dominer ensuite dans le cadre du système colonial (« ils ne savent pas former le caractère. Le caractère qu'il faut. » dit Daodu à propos des Blancs). Évidemment, ce n'est que l'avis du proviseur qui est le rival de la direction du Lycée National et qui développe à la fois une forme de jalousie non assumée mais aussi une méfiance envers tout ce qui vient des Blancs, qui sont fondamentalement racistes selon lui. Ainsi, Daodu critique dans les dernières pages du livre l'abandon du scoutisme et la fin des punitions corporelles au Lycée National.

En revanche, le jeune Wole ne le rejoint pas dans cette condamnation : au contraire, il avoue que ces méthodes autoritaires et humiliantes reposant sur une discipline de fer et sur des châtiments publics devant tout le lycée lui déplaisent (« la correction publique, devant le lycée réuni au grand complet. […] c'était une sérieuse humiliation ») et qu'il préfère les méthodes douces du Lycée National.

En effet, Wole a subi lui-même les coups de Daodu, donnés à l'occasion d'une grande cérémonie punitive qu'il assume avec beaucoup de courage : « Et je fis un pas en avant. […] Je ne me permis d'entendre que le décompte, non les coups eux-mêmes. Ce fut vite fini. Je me redressai et me rappelai juste à temps : "Merci, monsieur le Proviseur" […] Moins d'une semaine plus tard il avait repris sa place dans mon admiration. » Le jeune garçon se met en scène de manière héroïque et la théâtralisation extrême du châtiment tourne à son avantage : il y a parfois des applaudissements des élèves pour soutenir l'élève châtié, comme c'est le cas quand Daodu est absent et que le professeur de mathématiques Wèé-Wèé assume assez piteusement l'intérim : « Et alors un tonnerre d'applaudissements ébranla le plafond de la grande salle des rassemblements. » En fin de compte, on pourrait se demander si ces grandes cérémonies ne forgent pas effectivement la personnalité des enfants et les aguerrissent comme le prétend Daodu lui-même.

Enfin, les derniers chapitres du livre montrent que l'éducation de Wole a parfaitement réussi : il a envie de lui-même d'entrer dans le monde adulte, ne garde aucune rancœur à l'égard de sa mère (qu'il retrouve et soutient via la lutte contre les colons et le système politique local). De plus, l'ouvrage de Soyinka affiche un véritable plaidoyer pour l'éducation à travers les chapitres dépeignant la lutte des femmes pour obtenir des droits et moins subir les impôts. En effet, Daodu, simple observateur des débuts des réunions des femmes organisées par sa propre épouse, comprend très vite que les femmes sont les éternelles victimes de leur société car en plus de leur pauvreté, elles sont illettrées, ce qui les maintient dans l'ignorance et ne leur permet pas de bien soigner leurs rejetons : « elles étaient également préoccupées par le problème des enfants mourant en bas âge : comment amener les femmes à fréquenter davantage les centres de protection maternelle et infantile, à moins faire confiance aux médicaments choisis au hasard ».

Les premiers efforts de Beere et de ses amies porteront donc sur l'alphabétisation de ces femmes qui pourront mieux suivre leurs enfants, initiant ainsi un vrai cercle vertueux où tout le monde peut progresser : « À cause de ces petites choses que nous avons apprises ensemble, ces bons à rien d'enfants ne rentrent plus à la maison en mentant, en disant qu'ils sont premiers en classe alors que tout ce qu'ils ont fait, c'est l'école buissonnière, et qu'ils ont eu un zéro tout rond comme l'œil d'un poisson. [...] Lorsque le bulletin arrive à la maison, même si certaines de nos femmes ne peuvent pas tout lire, elles peuvent en lire assez sur le bulletin pour savoir si cet enfant est en train de gaspiller leur argent. »

À la fin du livre, les femmes se sont unies et sont capables de parler d'une seule voix et de mettre le pouvoir en place devant ses contradictions et ses faiblesses. Beere Kuti, femme éduquée et courageuse, répond vertement à l'officier britannique qui lui ordonne de la fermer, ce qui est une véritable victoire symbolique sur le colonialisme : « Sans doute êtes-vous né, mais vous n'avez pas été élevé. Parleriez-vous à votre mère sur ce ton ? » Cette réponse est particulièrement habile car Mme Kuti parle en tant que mère éducatrice et humilie l'officier britannique qu'elle rabaisse au niveau d'un enfant mal élevé. L'officier sera d'ailleurs renvoyé en Angleterre après cet incident.

Fiche 13

Enfant roi ou enfant victime ?

La notion d'enfant-roi est aujourd'hui bien connue et très utilisée dans la littérature pédagogique mais également par le grand public. Elle remonte à une boutade célèbre de Sigmund Freud, le père de la psychanalyse, qui évoquait « sa majesté, le bébé », et désigne une tendance profonde de l'enfant à une forme de narcissisme exacerbé où chaque enfant veut se placer au centre du monde et espère que tout tourne autour de lui, de ses désirs et de ses besoins. On considère généralement que l'éducation doit justement permettre à l'enfant de comprendre peu à peu qu'il n'est pas le centre du monde et qu'il ne peut pas attendre que tout lui soit accordé. Naturellement, il y a pourtant des enfants-rois, ou des enfants gâtés, qui ne parviennent pas à faire cette mue.

1. Jean-Jacques Rousseau

S'il place l'enfant au centre de l'éducation dans l'*Émile*, Jean-Jacques Rousseau n'est pas favorable à ce qu'on produise des « enfants rois », c'est-à-dire des enfants qui domineraient les parents et obtiendraient tout d'eux. Pour lui, l'enfant doit se sentir libre mais ne doit pas imposer ses volontés aux autres : « En le laissant ainsi maître de ses volontés, vous ne fomenterez point ses caprices. En ne faisant jamais que ce qui lui convient, il ne fera bientôt que ce qu'il doit faire. »

En effet, le penseur genevois critique fortement les enfants gâtés qui deviennent tyranniques pour leur entourage. Ainsi, il explique que l'enfant, naturellement faible et dépendant, cherche à imposer sa volonté à ses parents mais qu'on doit lui faire sentir sa dépendance et non le servir immédiatement. Lorsqu'il pleure ou qu'il crie pour qu'on s'occupe de lui, il ne faut pas accourir mais le laisser crier. Il vaut mieux venir le voir quand il a cessé de se manifester bruyamment.

De plus, satisfaire tous les caprices d'un enfant est un très mauvais signal qu'on lui envoie car cela lui laisse croire que tous ses désirs pourront s'accomplir, ce qui ne se confirmera pas dans sa vie adulte. Jean-Jacques Rousseau montre qu'en gâtant excessivement les enfants, on ne leur rend absolument pas service mais qu'on les rend au contraire esclaves de leurs désirs. Ils seraient donc rois et esclaves, car totalement dépendants. Et en cela, ils seraient victimes de la mauvaise éducation donnée par les adultes : « Le caprice des enfants n'est jamais l'ouvrage de la nature, mais d'une mauvaise discipline [...] Votre élève n'aura donc de caprices que ceux que vous lui aurez donnés. »

Pour appuyer son argumentation, Rousseau développe un exemple personnel, celui de l'enfant capricieux issu d'une noble famille qu'il a dû garder quelques jours en l'absence de son précepteur. Dans ce passage savoureux, l'auteur d'*Émile* raconte en détail comment il a systématiquement refusé de se plier aux volontés de l'enfant en choisissant de ne pas se lever en plein milieu de la nuit, alors que l'enfant l'exigeait, et en refusant de l'accompagner en promenade, parce que l'enfant boudeur avait précédemment refusé une promenade proposée par Jean-Jacques Rousseau. Le philosophe remonte assez rapidement à la cause de cet état capricieux de l'enfant, couvé excessivement par sa mère qui le considère comme fragile. En accord avec le père, Rousseau choisit d'aguerrir l'enfant et de lui montrer qu'il n'est pas le maître. Ce faisant, il débarrasse en quelques jours l'enfant de ses mauvaises habitudes et le rend plus obéissant et sage.

En outre, Jean-Jacques Rousseau conseille une éducation simple et campagnarde pour chaque enfant et refuse la distinction de classe dans l'enfance : on devrait élever les enfants des grandes familles de manière simple et non pas comme des rois. Il précise d'ailleurs au début du livre I qu'il aimerait qu'Émile fût issu d'une famille noble pour l'obliger à avoir une éducation commune.

Enfin, Jean-Jacques Rousseau ne présente pas dans l'*Émile* de cas concrets et développés d'enfants victimes mais pour lui, les enfants éduqués suivant les méthodes traditionnelles sont en quelque sorte dénaturés et victimes des adultes : ceux qui sont emmaillotés et mis en nourrice sont entravés dans leur développement ; on fait violence aux enfants en les obligeant à apprendre par cœur des choses abstraites, alors qu'il faut pratiquer d'après le philosophe une « éducation négative ». Tous sont donc potentiellement des victimes et leurs vices d'adultes peuvent être expliqués par une mauvaise éducation à l'origine.

2. Hans Christian Andersen

Les contes d'Andersen présentent globalement plus d'enfants victimes que d'enfants gâtés ou d'enfants rois.

Commençons donc par ces derniers. Il y a dans la cinquième histoire de « La reine des neiges » un personnage d'enfant gâté en la personne de la fille de la cheffe des brigands qui attaquent Gerda. Cette demoiselle veut jouer avec Gerda et s'en faire une amie mais elle veut lui prendre ses affaires et menace de la tuer avec un couteau si elle refuse. Elle représente nettement l'enfant capricieux qui tyrannise son entourage et veut que l'on exécute tous ses désirs, mais le fait qu'elle soit la fille de la cheffe des brigands permet de lui donner un aspect plutôt négatif auprès des lecteurs enfantins. Elle est présentée comme un contre-modèle, alors que Gerda a toutes les qualités permettant aux enfants de s'identifier à elle (courage, compassion, fidélité).

D'autres histoires montrent des personnages capricieux qui pourraient représenter des enfants-rois aux yeux des enfants lecteurs. Ainsi, on peut se demander si l'empereur présent dans le conte « Les habits neufs de l'empereur » ne figurerait pas un enfant capricieux et tyrannique vivant dans un monde de plaisirs, auto-centré, et obligeant son entourage à penser comme lui et à exécuter ses moindres désirs, puisqu'il est au sommet de la pyramide sociale et règne sur tous. Dans cette optique, le fait que tout le monde se rende compte que l'empereur est nu au moment de sa grande parade devant le peuple et que ce soit un enfant qui le dise tout haut en premier pourrait permettre à l'enfant de tirer une leçon : à la fin de l'histoire, l'empereur est puni car il ressent la honte d'être nu devant tout son peuple. Ce serait une forme de punition pour un enfant capricieux qui réaliserait enfin, et à ses dépens, que le monde ne tourne pas essentiellement et uniquement autour de sa petite personne.

Par opposition, le conteur danois a une nette tendance à représenter les enfants pauvres comme des victimes, des êtres souffrants qui endurent souvent avec beaucoup de courage et d'abnégation les rigueurs du sort ou de leur basse condition sociale.

On peut d'ailleurs se demander si cette vision de l'enfance souffrante n'est pas directement issue de la propre expérience d'Hans Christian Andersen qui a, comme on l'a vu dans la fiche 3, connu une enfance difficile.

Ainsi, il y a énormément d'enfants pauvres chez le conteur : l'exemple le plus marquant est sans doute celui de la petite marchande d'allumettes qui erre pieds nus dans les rues enneigées, la nuit de la Saint-Sylvestre, grelottant et ayant faim. Elle rêve d'un bon repas et la dernière chose qu'elle voit avant de mourir de froid, c'est sa grand-mère disparue qui la convie à venir avec elle. On ne peut pas trouver d'histoire plus pathétique d'une enfant martyre dans le recueil. Elle est non seulement victime de sa misère sociale (elle doit travailler pour vivre, pour pouvoir manger) mais aussi de mauvais traitements de la part de ses parents : en effet, elle risque d'être battue par son père si elle rentre sans argent, et c'est pourquoi elle reste dans la rue. Seule sa bonne grand-mère, qui se trouve au paradis, la réconforte et l'accueille chaleureusement. Pour elle, la mort est une forme de soulagement et on découvre un sourire sur ses lèvres quand on trouve son cadavre gelé.

D'autres enfants sont présentés comme des victimes d'une certaine pauvreté mais ils sont aimés par leurs parents : c'est le cas dans le conte « Les bougies » où une chandelle illumine une famille pauvre où la joie transfigure les enfants car on leur offre des pommes de terre cuites au four. Dès lors, l'harmonie familiale de cette famille misérable a une forte valeur de compensation par rapport à leur gêne financière.

En outre, Hans Christian Andersen multiplie les cas de jeunes personnages rejetés par leurs semblables et la société, fût-ce de manière symbolique. Ainsi, la célèbre histoire du vilain petit canard met en scène un petit cygne égaré dans une famille de canards. Après avoir été rejeté par tout le monde (sauf sa mère qui le soutient toujours), le vilain petit canard trouve enfin sa famille réelle, les cygnes, en fin d'histoire. Symboliquement, cela peut signifier pour les enfants qui découvrent l'histoire que les malheurs que l'on peut subir du fait de sa différence ont toujours une fin et qu'on peut se constituer un entourage adapté qui accepte l'individu à part : on passe d'une famille naturelle, biologique, où les liens ne sont pas évidents, à la famille de cœur et d'affinité, cette évolution nécessitant du temps, justement celui de l'enfance.

D'autres personnages symbolisent aussi l'enfant victime de son entourage et du monde : dans le conte « Le crapaud », le jeune crapaud qui veut découvrir le monde est constamment rejeté par autrui (tout le monde le trouve affreux, même les grenouilles) et il vient d'une famille elle-même mise au ban de la société (le conteur décrit la famille comme une famille d'immigrés arrivée après un long voyage). À la fin de l'histoire, il est tué par une cigogne, victime de sa volonté de découvrir le monde, mais la pierre précieuse contenue dans son crâne d'après une vieille légende, ne se perd pas et peut se retrouver dans le soleil, comme le précise le conteur à son lecteur à la fin de l'histoire. Ainsi, Hans Christian Andersen invite l'enfant qui le lit à adopter une vision somme toute optimiste : même s'il meurt victime du monde hostile et de sa propre curiosité excessive, il reste une créature de Dieu qui n'est pas rejetée au niveau céleste mais au contraire incluse. Cette morale est directement présentée comme la nécessité d'accepter le destin et le malheur en échange d'une compensation finale au ciel, correspondant bien à la pensée chrétienne et sociale d'Hans Christian Andersen, qui ne prône pas la rébellion mais une forme d'acceptation du malheur.

3. Wole Soyinka

Dans *Aké les années d'enfance*, on trouve plusieurs représentations d'enfants très différentes.

Il y a un cas très net d'enfant roi, à qui ses parents passent absolument tout et qui devient donc totalement tyrannique. Il s'agit de la jeune Bukola, amie de Wole lorsqu'il vit encore chez ses parents dans la mission. Cette jeune fille fait des crises lorsqu'elle est contrariée par ses parents ou les domestiques et elle obtient ainsi tout ce qu'elle désire de ses géniteurs.

Cette demoiselle semble dotée d'un grand prestige aux yeux du narrateur car elle prétend aller dans l'au-delà et rencontrer les morts lors de ses crises. Elle dit avoir des amis parmi les défunts qui l'invitent à venir avec eux pour jouer. Le jeune Wole, qui est très naïf et très petit à cette époque, ne remet pas du tout en doute les dires de la fillette et semble lui accorder une haute considération.

Par opposition, Wole ne se présente pas du tout comme un enfant martyr ou victime dans le récit, même s'il reçoit souvent des coups de bâton à cause de ses bêtises de la part de sa mère, qui semble plus prompte à le punir que le père qui s'avère plus coulant. Il faut rappeler que les châtiments corporels, coups de bâton et de fouet, font partie de l'éducation traditionnelle de l'époque et ne sont donc pas remis en question par l'enfant, qui a parfaitement intégré ce type de punition. Il endure même avec une certaine constance les coups de fouet donnés au lycée d'Abekuota par le proviseur par intérim, le professeur de mathématiques Wèé-Wèé.

Cependant, à la fin du récit, lorsque Wole annonce au proviseur Daodu qu'il va bientôt partir pour le Lycée National, il n'hésite pas à affirmer à Daodu qu'il préfère les méthodes éducatives anglaises qui n'ont plus recours aux châtiments corporels, alors que Daodu considère qu'une éducation sans châtiment corporel tendrait à affaiblir le moral et le caractère des enfants et serait donc pervertie.

Fiche 14

Quelles histoires pour les enfants ?

Raconter des histoires aux enfants semble être une pratique universelle et fortement ancrée dans les habitudes depuis des siècles. Cela permet généralement de développer l'imagination des petits, de les calmer accessoirement pour favoriser leur endormissement, mais cela leur donne aussi l'occasion de tirer des leçons générales en matière de conduite, de comportement, et de tels contes auraient donc un impact sur la vie future, permettant de présenter à l'enfant des modèles à imiter ou des contre-modèles à rejeter. Il est donc crucial de s'interroger sur le type d'histoires que l'on raconte aux enfants et leur contenu.

1. Jean-Jacques Rousseau

Le philosophe des Lumières a une position originale par rapport aux histoires et au support écrit. Il propose qu'Émile apprenne à lire mais il refuse de lui mettre des livres entre les mains avant l'âge de douze ans. En effet, pour Jean-Jacques Rousseau, l'enfant ne doit pas encombrer son esprit de savoirs abstraits venant de livres mais doit apprendre par l'expérience, de manière directe. Ainsi, il écrit : « La lecture est le fléau de l'enfance, et presque la seule occupation qu'on lui sait donner. À peine à douze ans Émile saura-t-il ce que c'est qu'un livre. » Il ajoute : « il faut qu'il sache lire quand la lecture lui est utile ; jusqu'alors elle n'est bonne qu'à l'ennuyer ».

Ce refus des livres paraît assez intrigant quand on pense à la fascination que les livres ont exercée sur le jeune Jean-Jacques dans son enfance. Il raconte dans le livre premier des *Confessions* sa passion pour les ouvrages du philosophe et historien grec Plutarque, auteur des *Vies parallèles* présentant des biographies croisées de grands personnages grecs et romains mais il évoque son engouement très vif pour les romans, à tel point qu'il présente une certaine aliénation. En effet, Rousseau rappelle comment il lisait des romans laissés par sa mère avec son père, parfois toute la nuit. Si ces lectures lui ont procuré un certain plaisir, elles ont surtout orienté sa vision du monde de manière négative, selon lui : « Ces émotions confuses, que j'éprouvai coup sur coup, n'altéraient point la raison que je n'avais pas encore ; mais elles m'en formèrent une d'une autre trempe, et me donnèrent de la vie humaine des notions bizarres et romanesques, dont l'expérience et la réflexion n'ont jamais bien pu me guérir. »

De plus, voici ce que le philosophe écrit à, propos de sa lecture de Plutarque : « Sans cesse occupé de Rome et d'Athènes, vivant pour ainsi dire avec leurs grands hommes, né moi-même citoyen d'une république, et fils d'un père dont l'amour de la patrie était la plus forte passion, je m'en enflammais à son exemple ; je me croyais Grec ou Romain ; je devenais le personnage dont je lisais la vie : le récit des traits de constance et d'intrépidité qui m'avaient frappé me rendait les yeux étincelants et la voix forte. »

Sans doute Rousseau a-t-il voulu éviter cette forme de bovarysme (confusion entre imaginaire et réalité, du nom du personnage de Flaubert Emma Bovary) aux jeunes enfants en leur interdisant les livres.

Jean-Jacques Rousseau va aller plus loin dans l'attaque de la pratique traditionnelle des histoires à raconter aux enfants en critiquant vivement les fameuses fables de La Fontaine, qui constituaient déjà au dix-huitième siècle un socle important d'apprentissage pour les enfants. Rappelons en effet que les fables de Jean de La Fontaine, datant de 1668 et 1678, ont d'abord été écrites pour le Dauphin, c'est-à-dire pour le fils du roi Louis XIV qui devait être son héritier (il mourra bien avant son père en réalité), à des fins d'édification morale. La fable, héritée de l'Antiquité grecque (Esope est un des grands modèles de Jean de La Fontaine), présente un but moral évident par-delà son aspect plaisant et ses personnages animaux : l'enfant doit s'identifier à certains personnages, développer de l'empathie ou de la pitié pour d'autres, et être amené logiquement à faire sienne la moralité, qui serait ainsi acquise de manière quasi expérimentale et non purement abstraite.

Cependant, Jean-Jacques Rousseau démontre dans *Émile* que le fonctionnement supposé de la fable que nous venons de rappeler n'est en réalité pas véritablement opérant. En effet, le penseur genevois prend l'exemple de la célèbre fable « Le corbeau et le renard », la première du livre I des *Fables* de La Fontaine, pour démontrer son « inutilité », voire sa nocivité, en se livrant à une explication de texte linéaire ou à une entreprise de glose extrêmement pointue.

Pour Rousseau, cette fable n'est pas toujours claire et compréhensible pour un enfant : les vers et les inversions multiples de l'ordre habituel des mots dans la phrase (dues aux contraintes de la versification) perturbent l'appréhension littérale de l'enfant. S'il ne comprend pas tout, il ne peut tirer de profit réel de la fable. De plus, pour le philosophe, il y a trop d'éléments invraisemblables dans cette histoire (des animaux qui parlent, des mots anciens, un fromage beaucoup trop odorant par rapport à la réalité observable par l'enfant…), ce qui mine la crédibilité du récit et ne peut favoriser de projection de l'enfant.

Après avoir décortiqué le récit, l'auteur d'*Émile* s'attaque ensuite à la moralité qui figure en fin de fable et la tance sévèrement : pour Jean-Jacques Rousseau, cette fable est mauvaise pour l'éducation car elle est profondément immorale : on apprend à l'enfant qu'il y a un monde où le flatteur est roi, où le mensonge est donc plus utile que la vérité, et que les gens confiants sont des victimes. C'est l'exact opposé de la vision du monde que voudrait proposer Rousseau à son jeune protégé. Dans cette fable, l'enfant, par amour-propre, refusera de s'identifier à la victime, le corbeau, et lui préférera systématiquement le renard flatteur et menteur, ce qui est assez immoral. Jean-Jacques Rousseau termine son analyse par ces mots très explicites : « Or, quelle horrible leçon pour l'enfance ! »

Jean-Jacques Rousseau évoque d'autres fables de La Fontaine et montre l'immoralité des conclusions, nuisible à l'enfant. Il faut rappeler évidemment que La Fontaine ne propose pas en réalité des leçons d'immoralité à ses lecteurs du dix-septième siècle mais s'adapte à un contexte bien précis qui est celui de la société de cour, lieu du paraître et du mensonge permanent pour obtenir la faveur des puissants. Si le Dauphin ou n'importe quel enfant noble apprend à résister aux flatteurs ou à les percer à jour, c'est un point essentiel dans la capacité à gouverner sagement en suivant la raison et non son amour-propre et sa vanité. Mais Jean-Jacques Rousseau ne l'entend pas de cette manière et « oublie » ce contexte particulier pour pratiquer une lecture décontextualisée et plus moderne de la fable, ce qui correspond à la réalité de la lecture d'un enfant de son temps qui ne vivrait pas à la cour.

Jean-Jacques Rousseau a toutefois l'honnêteté intellectuelle de reconnaître des mérites à « monsieur de La Fontaine » et lui propose de « composer » : en s'adressant fictivement au fabuliste, il lui promet de continuer à le lire car il comprend les fables en profondeur mais refuse de donner ces histoires à lire à Émile qui ne pourrait pas bien tout comprendre et interpréterait de travers le récit.

C'est donc au nom de la sauvegarde de la moralité et de la pureté de l'enfant que le philosophe bannit les fables de l'éducation de son jeune protégé.

2. Hans Christian Andersen

Dans tout le recueil au programme, Hans Christian Andersen s'adresse directement à son public enfantin dans des formules de début (« tu dois le savoir » au début du conte « Le rossignol », p. 115) ou de fin de conte (« Voilà, c'était une vraie histoire », p. 44). Il s'agit de nouer une relation de complicité et de familiarité avec le jeune lecteur ou auditeur à qui l'on parle directement, en le tutoyant. Ces adresses, fortement empreintes d'oralité, donnent un aspect naturel au récit, et rappellent la transmission ancestrale des histoires par la parole, au cours des veillées. Bien sûr, c'est un artifice rhétorique pour capter l'attention et la bienveillance du public réel mais c'est assez efficace sur des enfants qui ne voient pas la manœuvre.

Hans Christian Andersen cherche à la fois à séduire le public enfantin et à le pousser à la réflexion et à l'interprétation : il conclut ainsi un conte en invitant le lecteur à la réflexion (« Voilà, c'est l'histoire du "jardinier et de ses maîtres". Maintenant, tu peux y réfléchir ! » p. 383). Il va même jusqu'à proposer à ses lecteurs de s'en remettre à d'autres pour mieux comprendre l'histoire, comme à la fin de l'histoire de Johanne (« Si tu ne la comprends pas, adresse-toi à la vieille Johanne, à l'hospice. Elle sait raconter le temps passé, les souvenirs qui sifflent dans le vieil arbre. » p. 402) ou bien dans « Le bonheur peut se trouver dans un bout de bois » (« Si tu ne connais pas cette histoire, demande à ceux qui la connaissent de te la raconter. » p. 355).

Rappelons également qu'Andersen a écrit en tête de son premier recueil de contes cet avertissement « aux lecteurs d'un certain âge » à propos de certains de ses récits : « seuls les gens plus âgés comprendront la signification profonde, mais j'ose croire quand même que l'enfant en retirera de la joie et qu'il en comprendra directement le dénouement. » (traduction de Régis Boyer, édition des *œuvres complètes* d'Andersen dans la Bibliothèque de la Pléiade, tome I). Il envisage donc un public de lecteurs qui va bien au-delà des enfants et soulève la question de l'interprétation à plusieurs niveaux du conte, qui peut être lu de manière plus ou moins légère ou approfondie, tout comme les fables de La Fontaine évoquées par Jean-Jacques Rousseau.

En outre, le conteur danois se présente lui-même comme un passeur d'histoires enthousiaste car il a été très friand d'histoires dans ses premières années, comme il le rappelle dans l'avis « aux lecteurs d'un certain âge » de 1837 : « Dans mon enfance, j'aimais bien entendre des contes et des histoires, plusieurs demeurent bien vivants dans mon souvenir. » (traduction de Régis Boyer, édition des *Œuvres complètes* d'Andersen dans la Bibliothèque de la Pléiade, tome I).

Dans l'idéal, le plaisir du conte émanerait donc à la fois du public mais aussi du narrateur. Ainsi, à la fin du conte « Le bonheur peut se trouver dans un bout de bois », le narrateur exprime sa joie de raconter : « Ils lisent ces histoires, et je suis près d'eux, au milieu de la pièce, mais invisible, car j'ai le bout de bois blanc dans la bouche. Si je sens que ce que je raconte les rend heureux, alors, moi aussi, je dis : "Le bonheur peut se trouver dans un bout de bois !". » (p. 357-358). La récompense du narrateur viendrait donc du plaisir pris par les enfants et d'une forme de présence virtuelle à côté d'eux pendant la lecture du conte. On sait par ailleurs qu'Andersen adorait les enfants et aimait beaucoup leur raconter des histoires (il l'a notamment fait auprès des enfants du roi du Danemark à la fin de sa vie).

On constate d'ailleurs que les personnages des contes sont souvent avides d'histoires et veulent connaître le monde extérieur, car ils en ont entendu parler de manière séduisante. Ainsi, l'histoire faite par autrui est un puissant moyen pour amener l'enfant (qui peut s'identifier aisément aux personnages principaux de bon nombre de contes d'Hans Christian Andersen) à sortir du cocon familial et à découvrir l'extérieur qui paraît plus enthousiasmant qu'inquiétant. La petite sirène se languit d'avoir quinze ans pour monter à la surface, et elle est entretenue dans sa soif de découverte par les récits faits par ses sœurs aînées. Par opposition, le personnage masculin principal de « La reine des neiges », le jeune Kay, commence à se détourner des histoires qu'il affectionnait tant, après avoir reçu un morceau de miroir magique dans l'œil, ce qui le sort peu à peu de l'innocence de l'enfance et ce qui va entraîner ses malheurs (mais son cas est plus un contre-exemple qu'une illustration d'une tendance globale) : « Lorsqu'elle [Gerda] vint plus tard avec le livre d'images, il [Kay] dit que c'était bon pour les bébés, et quand la grand-mère racontait des histoires, il trouvait toujours à redire ; quand il le pouvait, il marchait derrière elle, mettait des lunettes et parlait comme elle. » (p. 156). Heureusement, à la fin de l'histoire, Kay, débarrassé de son morceau de verre minuscule et de retour auprès de sa grand-mère grâce au courage et à la ténacité de son amie Gerda, ne critique plus les histoires.

Dans certains contes, la lecture est présentée comme un moyen extrêmement efficace de développer l'imagination voire la créativité de l'enfant. Ainsi, le conte « L'invalide » propose une mise en abyme de la lecture des contes car Hans, « un garçon très éveillé qui aimait lire » (p. 418), paralysé, passe son temps à lire des histoires dans un livre qu'on lui a offert et les raconte ensuite à ses parents illettrés. Le jeune garçon devient donc conteur et les parents redeviennent enfants le temps de la lecture, surtout le père, Ole, qui se prête inconsciemment au jeu. Voici comment réagit le père : « "Relis-nous l'histoire du bûcheron !" dit Ole, l'aide-jardinier. […] "Je veux entendre celle que je connais !" Et ils l'entendirent une nouvelle fois, lui et sa femme. Plus d'une fois, ils revinrent à cette histoire. » (p. 421). Ce processus de répétition des mêmes histoires est tout à typique de la pratique enfantine (l'enfant aime qu'on lui répète la même histoire, car il peut anticiper et participer, puisqu'il la connaît par cœur ; il est également rassuré par la reprise de la même histoire, ce qui favorise l'endormissement). Dans ce beau texte, Hans Christian Andersen a montré l'efficacité maximale du conte : en effet, le conte devient un moyen de voyager sans quitter son lit pour le jeune Hans (« Hans avait lu tout le livre, de nombreuses fois. Les contes l'emmenaient de par le monde, là où il ne pouvait pas aller, parce que ses jambes ne le portaient pas. » p. 423) ; mais c'est aussi un moyen de réfléchir (« C'était un livre de contes qu'on lui avait donné. Il y avait beaucoup à lire dedans, beaucoup de sujets de réflexion. » p. 419). Le livre de contes va permettre aussi au jeune Hans de faire des études et de devenir instituteur, ce qui va lui permettre de raconter à son tour des histoires. Il favorise donc une certaine élévation sociale et un progrès personnel, permettant de faire grandir l'enfant (il est à noter qu'Hans laissera le livre de contes à ses parents quand il quittera le cocon familial). De plus, le conte égaie le monde réel et dur des parents : « Ces deux histoires suffirent à Ole pour le reste de ses jours. C'étaient comme deux rayons de soleil qui avaient pénétré dans la pauvre chaumière, pénétré dans la pensée rabougrie qui les rendait renfrognés et amers. » (p. 423).

Si nous regardons désormais l'aspect idéologique des contes d'Andersen et la leçon que peuvent en tirer les enfants, la situation est plus complexe. La moralité de nombreux contes pousse effectivement l'enfant à réfléchir sur le monde, à accepter souvent l'ordre des choses (même s'il peut y avoir aussi des cas d'ascension sociale de jeunes gens partis découvrir le monde), à endurer la souffrance dans l'espoir d'un monde meilleur dans l'au-delà. À ce titre, la fin de « La petite marchande d'allumettes » est exemplaire. Hans Christian Andersen diffuse donc la morale chrétienne dans ses contes et prône une forme d'adaptation aux difficultés du monde (d'aucuns diraient une forme de soumission, car l'écrivain danois, comme beaucoup de ses contemporains, compte beaucoup sur la bienveillance paternaliste de riches philanthropes et sur l'aide divine pour améliorer le sort des plus humbles) et une espérance religieuse.

D'autres histoires peuvent consoler l'enfant et lui donner un espoir de meilleure intégration dans le monde, comme le conte du vilain petit canard, où le personnage principal trouve enfin sa place auprès d'une nouvelle famille plus adaptée (les cygnes). L'enfant s'identifiera aisément à ces personnages animaux pathétiques ou sympathiques, tout comme dans les fables.

En tout cas, les contes d'Andersen semblent avoir en général pour but d'aider l'enfant à grandir et à sortir progressivement de l'enfance sans heurt.

3. Wole Soyinka

Dans *Aké les années d'enfance*, on raconte beaucoup d'histoires aux enfants, notamment au début du livre. En effet, alors qu'il était tout jeune, Wole Soyinka baignait dans un univers de contes et de légendes, racontées par son entourage.

Il entend de nombreuses histoires issues de la culture locale, à propos d'esprits vivant dans les forêts qui peuvent venir voir les humains, les *egungun*. Dans le chapitre I, on lui raconte l'histoire de l'oncle Sanya qui a rencontré les esprits en allant dans les bois. Mais l'histoire a pour but de dissuader les enfants d'aller dans les bois (pour éviter sans doute qu'ils ne s'égarent) et sert donc d'épouvantail. C'est d'ailleurs assez efficace, à en croire le narrateur : « Pourtant, même Sanya avait cessé de s'aventurer dans la forêt la nuit, reconnaissant que c'était beaucoup trop risqué ; pendant la journée et au début de la soirée il n'y avait guère de danger puisque la plupart des esprits des bois ne sortaient que la nuit. »

Par-delà ces histoires issues du folklore yoruba que l'on retrouve également dans le personnage de Bukola, la petite voisine qui prétend entrer en communication avec le monde des morts quand elle fait des crises, Wole Soyinka est entouré également par des histoires venues de la culture anglaise et chrétienne, celles de la Bible, racontées à l'École du Dimanche, qui est un équivalent protestant du catéchisme catholique. Dans le premier chapitre, l'auteur nigérian évoque cette influence des histoires bibliques : « Car c'était à l'École du Dimanche que l'on racontait les vraies histoires, les histoires qui vivaient dans les événements eux-mêmes, franchissaient les limites des dimanches et des pages de la Bible pour entrer dans l'univers des pays, des femmes et des hommes fabuleux. »

On le voit, ces histoires ont une influence sur la vie réelle de l'enfant. Ainsi, il va demander à son père Essay de lui expliquer comment vient la pluie en lui lisant les passages sur le déluge dans la Bible. Il s'interroge également sur le fruit mangé par Adam et Ève et pense qu'il s'agit plus d'une grenade (comme celle qui pousse dans son verger) que d'une pomme. Les histoires bibliques suscitent donc l'imagination de l'enfant et il en vient à interpréter voire à inventer à son tour, ce qui laisse à penser qu'il deviendra lui-même un formidable conteur d'histoires.

Par conséquent, Wole voit le monde à travers ce regard forgé par les contes, comme beaucoup d'enfants. Ainsi, lorsqu'il sort de la mission et se promène dans Aké, seul, il voit des marchandes qu'il prend pour des sorcières : « Était-ce là les sorcières dont on entendait tant parler ? Je n'avais encore jamais vu de poitrines aussi plates, aussi peu humaines. »

Mais le jeune garçon a aussi sa propre capacité à se raconter des histoires. En effet, il évoque son repaire favori, le rocher Jonas, « ma demeure personnelle et privée », où il se retire seul pour rêver et imaginer des histoires. Ce lieu d'intimité et de magie (« cela appartenait à un monde de fables, de fantaisies, celui de la lampe d'Aladin et du Sésame, ouvre-toi. ») est vu comme un endroit propice à l'imagination, car il est retiré, en face de l'école, lieu de l'apprentissage.

La fascination pour l'école qui apparaît dans les premiers chapitres de l'ouvrage vient sans doute de la volonté d'imiter sa sœur (il prend des livres et vient à la porte de l'école alors qu'il n'a pas encore trois ans) mais aussi d'une curiosité pour la lecture, qui est la clé pour apprendre de nouvelles histoires.

Ce goût pour la lecture est d'ailleurs amplement développé dans le livre et l'enfant est présenté comme toujours en train de rêvasser (ce qui exaspère sa mère) ou bien retiré dans un coin pour dévorer des livres. Là encore, Soyinka, comme beaucoup d'autobiographes célèbres, annonce sa future vocation d'écrivain et donc de conteur d'histoires.

Fiche 15

L'enfance et la liberté

1. Jean-Jacques Rousseau

La liberté est un élément essentiel dans la pensée de Jean-Jacques Rousseau, notamment dans sa réflexion politique où il marque sa faveur pour la démocratie dans *Du contrat social*, texte contemporain de l'*Émile*. Il n'est donc pas étonnant qu'il revendique la liberté dans l'éducation des enfants, qui doivent être formés avant de devenir à terme des citoyens potentiels.

Ainsi, le philosophe genevois aborde la question de la liberté très tôt dans le livre I et dans le développement de l'enfant car elle concerne le bébé. Rousseau insiste sur la nécessité de ne pas emmailloter le nourrisson, contrairement à ce qui se pratiquait à l'époque. S'il est plus pratique pour la mère ou la nourrice de s'occuper d'un enfant littéralement prisonnier de ses langes et de tissus, cette pratique est délétère pour le développement du bébé car elle réduit considérablement sa liberté de mouvement. Or, le bébé n'a que ses sens et son corps pour appréhender le monde au début de son existence et s'il est incapable de bouger, cela peut gêner sa croissance physique mais aussi psychologique, comme le dit le penseur : « L'inaction, la contrainte où l'on retient les membres d'un enfant, ne peuvent que gêner la circulation du sang, des humeurs, empêcher l'enfant de se fortifier, de croître, et altérer sa constitution. » La première liberté est donc celle du corps qui doit pouvoir bouger.

Ensuite, Jean-Jacques Rousseau va insister sur la liberté qui doit intervenir dans la première éducation, quand l'enfant est encore tout petit. Il ne faut pas tout faire à sa place, il faut l'amener à agir lui-même, pour éviter qu'il ne se croit servi et qu'il sombre dans la dépendance, comme un enfant noble vis-à-vis de ses domestiques. Ainsi, le penseur décrit l'attitude à avoir pour éviter l'implantation de mauvaises habitudes : « La seule habitude qu'on doit laisser prendre à l'enfant est de n'en contracter aucune ; qu'on ne le porte pas plus sur un bras que sur l'autre ; qu'on ne l'accoutume pas à présenter une main plutôt que l'autre, à s'en servir plus souvent, à vouloir manger, dormir, agir aux mêmes heures, à ne pouvoir rester seul ni nuit ni jour. Préparez de loin le règne de sa liberté et l'usage de ses forces, en laissant à son corps l'habitude naturelle, en le mettant en état d'être toujours maître de lui-même, et de faire en toute chose sa volonté, sitôt qu'il en aura une. »

On le voit, ces conseils sont extrêmement pragmatiques et concrets et ils sont essentiels pour Rousseau qui pense que tout se met en place au début de la vie, que le caractère se forme très tôt et qu'il ne faut donc pas reculer le moment de donner de bons principes aux enfants.

En outre, la liberté s'avère essentielle dans la relation pédagogique pour Jean-Jacques Rousseau. En effet, l'auteur de l'*Émile* va mettre en avant la nécessité de laisser l'enfant se développer à son rythme et l'importance de l'adaptation du précepteur à son protégé : cela se voit notamment dans la question de l'apprentissage du langage : « Les enfants qu'on presse trop de parler n'ont le temps ni d'apprendre à bien prononcer, ni de bien concevoir ce qu'on leur fait dire : au lieu que, quand on les laisse aller d'eux-mêmes, ils s'exercent d'abord aux syllabes les plus faciles à prononcer. »

Mais le philosophe n'est pas pour autant un adepte du laisser-faire généralisé, bien au contraire. Il insiste nettement sur une forme de fermeté à adopter pour le pédagogue à propos des désirs de l'enfant. Il ne faut pas lui donner l'habitude d'être obéi à la minute, car l'enfant, pour qui tout tourne autour de lui, cherche en permanence à attirer l'attention de son entourage et a besoin des autres pour obtenir ce qu'il veut, étant donné sa faiblesse et sa dépendance absolue. Il se sert donc des autres comme d'un outil, c'est-à-dire un prolongement symbolique de ses propres mains et bras encore impuissants. Rousseau veut alors éviter que l'enfant ne devienne capricieux et se croit tout permis ; ainsi, il préconise de ne pas accourir quand l'enfant pleure et de le laisser crier ; si l'adulte intervient après les pleurs, l'enfant comprend que le silence est préférable et il cesse de pleurer systématiquement. Cela peut créer un cercle vertueux : « Moins contrariés dans leurs mouvements, les enfants pleureront moins ; moins importuné de leurs pleurs, on se tourmentera moins pour les faire taire ; menacés ou flattés moins souvent, ils seront moins craintifs ou moins opiniâtres, et resteront mieux dans leur état naturel. »

Par ailleurs, il faut pour Jean-Jacques Rousseau ne pas céder à toutes les volontés de l'enfant pour ne pas tomber sous son empire et ne pas le transformer en tyran. C'est en faisant ce que l'enfant veut au nom de sa prétendue liberté à respecter que l'on crée des problèmes de comportement. Ainsi, le philosophe écrit : « Voilà comment ils deviennent incommodes, tyrans, impérieux, méchants, indomptables ; progrès qui ne vient pas d'un esprit naturel de domination, mais qui le leur donne ; car il ne faut pas une longue expérience pour sentir combien il est agréable d'agir par les mains d'autrui, et de n'avoir besoin que de remuer la langue pour faire mouvoir l'univers. »

C'est ici un point crucial de la réflexion de l'auteur : obéir à l'enfant pour éviter de le frustrer ou de le contrarier, c'est ne pas lui rendre service et le transformer en esclave de ses désirs et des autres. Si l'enfant n'apprend pas à attendre ou à se modérer, il sera toujours sans limite et assisté : « Savez-vous quel est le plus sûr moyen de rendre votre enfant misérable ? c'est de l'accoutumer à tout obtenir. »

Comme souvent, Rousseau convoque le modèle naturel pour appuyer ses propositions : « Revenons à la règle primitive. La nature a fait les enfants pour être aimés et secourus ; mais les a-t-elle faits pour être obéis et craints ? »

L'éducation naturelle rousseauiste ne repose donc pas sur le laisser-faire, comme on pourrait naïvement le croire, mais au contraire sur une première forme de contrainte pour éviter le développement de mauvaises habitudes qui réduiraient ensuite la liberté réelle de l'enfant. La distinction entre liberté et empire est donc essentielle : « L'esprit de ces règles est d'accorder aux enfants plus de liberté véritable et moins d'empire, de leur laisser plus faire par eux-mêmes et moins exiger d'autrui. »

La suite de la formation de l'enfant montre une importance croissante de la liberté allant vers de plus en plus d'autonomie : ainsi, il faut laisser l'enfant expérimenter par lui-même. Il doit connaître le froid, la douleur, pour s'endurcir, et il ne faut pas chercher à tout prix à le préserver de tout. Sur ce point, Rousseau développe des analyses qui nous sembleraient bien hétérodoxes aujourd'hui. Partisan d'un juste milieu entre le laxisme et la sévérité excessive, il préconise un apprentissage progressif de la liberté : « Il y a un excès de rigueur et un excès d'indulgence, tous deux également à éviter. Si vous laissez pâtir les enfants, vous exposez leur santé, leur vie ; vous les rendez actuellement misérables ; si vous leur épargnez avec trop de soin toute espèce de mal être, vous leur préparez de grandes misères ; vous les rendez délicats, sensibles ; vous les sortez de leur état d'hommes dans lequel ils rentreront un jour malgré vous. »

Ainsi, pour Rousseau, l'éducation doit aussi passer par l'expérience d'éléments désagréables pour préparer à la vie réelle et c'est au nom de la liberté qu'il expose l'enfant à ces difficultés : « la liberté que je donne à mon élève le dédommage amplement des légères incommodités auxquelles je le laisse exposé ».

On voit donc que le philosophe a un rapport complexe à la liberté : il faut la favoriser mais ne pas relâcher la bride de l'enfant, il faut lui apprendre à suivre la nature, et c'est dans cette fidélité que l'enfant développera sa vraie liberté. S'il va contre la nature en ayant des désirs immodérés, il fera son malheur. Cette liberté rousseauiste a donc des aspects sévères et peut étonner aujourd'hui. Souvenons-nous que l'auteur, originaire de la très austère république de Genève, écrit au dix-huitième siècle dans un contexte de monarchie absolue où la liberté n'est pas de mise dans la sphère publique mais peut davantage se développer dans la sphère privée. Rousseau enseigne ainsi à son élève à cultiver une liberté intérieure, une indépendance face aux désirs, qui n'est pas sans rappeler la leçon des philosophes stoïciens ou épicuriens de l'Antiquité gréco-latine, partisans de la modération et d'une forme d'auto-discipline, seule garante de la liberté personnelle.

Ainsi, l'enfant doit réduire ses désirs et les accorder à ses besoins (comme le préconisaient les penseurs stoïciens et épicuriens qui appelaient leurs disciples à distinguer les désirs nécessaires et les désirs superflus, les désirs naturels et les désirs artificiels) pour atteindre le bonheur. Le précepteur doit l'amener à faire cette distinction et doit le diriger fermement : le mot de « gouverneur » n'est pas choisi au hasard, il indique bien cette maîtrise que le pédagogue doit avoir sur l'enfant, ce rôle de guide. Ainsi, l'autorité est nécessaire pour le précepteur et Jean-Jacques Rousseau le réaffirme à de nombreuses reprises : « Employez la force avec les enfants et la raison avec les hommes ; tel est l'ordre naturel ; le sage n'a pas besoin de lois. »

Mais cette force doit être bienveillante et il faut la faire accepter par l'enfant qui s'y soumettra naturellement. L'autorité ne doit pas dériver vers l'autoritarisme pour le penseur et l'enfant doit obéir sans avoir l'impression qu'on lui fait violence : « Ne lui commandez jamais rien, quoi que ce soit au monde, absolument rien. Ne lui laissez pas même imaginer que vous prétendiez avoir aucune autorité sur lui. Qu'il sache seulement qu'il est faible et que vous êtes fort. »

On le voit, la position de Jean-Jacques Rousseau est assez complexe et il se situe bien entre liberté et autorité, refusant bien évidemment de pencher d'un seul côté. Cet équilibre entre les deux opposés, difficile à atteindre ou à maintenir, est pourtant nécessaire pour l'éducation réussie pour le penseur genevois. Il faut que l'élève ne doute jamais de la nécessité d'obéir à son maître : « La pire éducation est de le laisser flottant entre ses volontés et les vôtres, et de disputer sans cesse entre vous et lui à qui des deux sera le maître ; j'aimerais cent fois mieux qu'il le fût toujours. » Cette formule, dont la fin est assez ambiguë, montre bien la subtilité de la position intermédiaire de Rousseau.

Cette alliance équilibrée, c'est ce que l'auteur de l'*Émile* appelle « la liberté bien réglée » et elle suppose une grande fermeté et une grande compétence du précepteur qui devient responsable de toute l'évolution future de l'enfant : « On a essayé tous les instruments, hors un, le seul précisément qui peut réussir : la liberté bien réglée. Il ne faut point se mêler d'élever un enfant quand on ne sait pas le conduire où l'on veut par les seules lois du possible et de l'impossible. »

Pour Jean-Jacques Rousseau, l'éducation doit amener l'enfant à l'autonomie et à terme à l'indépendance : c'est ce qui apparaît vers la fin du livre II. Au fur et à mesure que l'enfant grandit, il devient plus réfléchi et il faut donc le laisser davantage faire par lui-même, tout en ne le perdant jamais de vue. Le philosophe a bien conscience de la difficulté de la tâche et le souligne à maintes reprises en s'adressant directement aux précepteurs qu'il régente fermement, tout comme des enfants. Il n'hésite pas à leur faire la leçon : « Vous l'abrutiriez, il est vrai, par cette méthode, si vous alliez toujours le dirigeant, toujours lui disant : Va, viens, reste, fais ceci, ne fais pas cela. Si votre tête conduit toujours ses bras, la sienne lui devient inutile. Mais souvenez-vous de nos conventions : si vous n'êtes qu'un pédant, ce n'est pas la peine de me lire. » Il précise également qu'il faut laisser l'enfant manger tout son soûl, ne pas le contraindre, le laisser parfois être malade pour qu'il apprenne de lui-même les conséquences fâcheuses des excès.

En fin de compte, dans les dernières pages du livre II, Jean-Jacques Rousseau trace un bilan positif de son parcours éducatif et montre un

Émile heureux, accompli et libre, prêt à entrer dans l'adolescence, en toute pureté : « Il est parvenu à la maturité de l'enfance, il a vécu de la vie d'un enfant, il n'a point acheté sa perfection aux dépens de son bonheur ; au contraire, ils ont concouru l'un à l'autre. En acquérant toute la raison de son âge, il a été heureux et libre autant que sa constitution lui permettait de l'être. »

2. Hans Christian Andersen

Dans l'univers d'Andersen, il y a peu de parents autoritaires et abusifs, si ce n'est la marâtre des « Cygnes sauvages » qui transforme les onze garçons de son mari en cygnes et rejette la fille du roi. À part cette méchante reine qui abuse de son pouvoir pour persécuter les enfants et les chasser, peu de parents viennent entraver la liberté de leurs enfants. Les autres familles sont plutôt harmonieuses, comme on a pu le voir dans la fiche consacrée à l'enfant et ses parents. Il faut dire que les enfants (surtout ceux des familles pauvres) sont toujours soumis à leurs parents, obéissent promptement, ne se rebellent pas contre la misère, le malheur, ne se plaignent jamais vraiment, conformément à la morale chrétienne du conteur danois. Dans « La bergère et le ramoneur », c'est la figurine du vieux grand-père chinois qui limite la liberté d'aimer des deux jeunes personnages mais il est en quelque sorte muselé à la fin et ne peut plus rien dire contre les amours des héros.

De nombreux personnages affichent un sentiment de liberté, d'épanouissement personnel. Ainsi, la petite sirène exulte lorsqu'elle a enfin le droit d'aller à la surface pour découvrir le monde terrestre. Ce sentiment de libération est dû à la longue retenue de la jeune fille qui a attendu de nombreuses années pour pouvoir accomplir son désir : « Aucune n'était plus impatiente que la plus jeune […] C'est justement parce qu'elle ne pouvait pas y aller que tout cela lui faisait le plus envie. » (p. 57- 58).

Cette exaltation de la découverte solitaire du monde, de l'affranchissement de la tutelle des parents, auquel bon nombre d'enfants peuvent adhérer, se retrouve chez d'autres personnages comme le petit crapaud qui a soif d'évasion, ou Kay qui veut quitter sa grand-mère et va partir avec la reine des neiges.

Mais chez Hans Christian Andersen, la libération apporte une joie souvent éphémère et suivie de conséquences bien fâcheuses. En effet, la petite sirène désobéit à ses parents en allant voir la sorcière des mers qui lui donne des jambes mais lui prend sa queue de poisson et sa voix, si bien que la sirène ne parviendra pas à séduire le prince qui en épousera une autre. La sirène devenue humaine meurt mais est heureusement recueillie par les esprits de l'air qui lui proposent une issue. Cette jeune fille a donc renoncé à son monde d'enfance, devenue grande, elle ne retrouvera jamais son milieu d'origine. Grandir est ici vu comme une sortie brutale du monde enchanté de l'enfance, sans obtenir de compensation réellement intéressante ; de même, le petit crapaud qui rêvait d'aller en Égypte sur le dos de la cigogne, est tué par l'oiseau, et la moralité finale est ambiguë : certes, sa pierre magique se retrouve au ciel et inspire les humains, ce qui lui offre une forme de rédemption, mais il meurt victime de sa curiosité et de sa prise de liberté excessive : s'il était resté dans son puits, il n'aurait pas connu ce destin. La liberté comporte donc parfois des risques. Du côté des personnages humains, il y a aussi des aventuriers qui gâchent leur jeunesse en faisant un usage immodéré et peu sage de leur liberté d'action : le jeune Rasmus, autrefois bel enfant joyeux, va se perdre à l'âge adulte, s'use au contact de la vie, devient mélancolique, alcoolique et bon à rien, sous le regard désolé de son amie Johanne, dans « Ce que racontait la vieille Johanne ». Sa découverte « de toutes les beautés du monde » (p. 395) se fait contre l'avis de sa mère qui pleure pour le retenir et aboutit à un désastre : « Il avait vécu une vie dissolue au cours de ses voyages, et c'était cela [...] qui lui avait sucé les moelles et semé le désordre dans son corps. Ses cheveux devinrent rares et gris ».

À l'opposé, on trouve également chez le conteur danois des personnages aventureux qui font un bon usage de leur liberté et qui progressent dans le monde et la vie, comme le jeune héros du conte « La cloche » parti à la recherche d'une mystérieuse cloche et qui va découvrir la nature, fraterniser avec un enfant du peuple et se recueillir dans l'écoute de la cloche céleste. Parallèlement, dans un registre plus réaliste, le jeune héros d'« Une histoire des dunes », Jorgen, découvre la grande ville après avoir passé toute sa vie dans un village de pêcheurs : « C'était la première fois que cet habitant des dunes voyait une grande ville. Comme les maisons étaient hautes, les rues étroites, grouillantes de monde ! » (p. 301). Cette découverte exaltante est même assimilée à l'entrée dans un univers merveilleux (« Il avait l'impression d'entrer tout droit dans le pays des contes et c'était pourtant la réalité ! » p. 299), ce qui est assez ironique car cette histoire-là est bien loin de l'atmosphère habituelle des contes de fées d'Hans Christian Andersen. Le héros va tomber amoureux mais la fin de l'histoire deviendra plus sombre pour lui. En revanche, la jeune Gerda, héroïne de « La reine des neiges », voyage à la recherche de son ami Kay, traverse bien des épreuves et le récupère finalement, accomplissant ainsi sa quête initiatique. À la fin du conte, elle revient avec lui chez sa grand-mère et ils ont grandi mais ont conservé leur pureté enfantine. C'est ici un bon usage de la liberté pour le conteur chrétien, car il ne mène pas vraiment à une totale émancipation mais à une préservation de l'état d'innocence.

3. Wole Soyinka

Dans *Aké les années d'enfance*, la liberté semble un aspect tout à fait important de l'enfance de Wole Soyinka. En effet, l'enfant est souvent présenté comme assez libre de ses mouvements, il n'est pas en permanence associé à sa mère mais développe de nombreux contacts avec autrui, et notamment avec des enfants de son âge ou plus âgés que lui. C'est une différence fondamentale par rapport à la pensée rousseauiste car Wole peut s'affirmer assez tôt. Ainsi, il se rebelle contre sa grande sœur Nubi qui lui donne son bain et affirme vouloir se laver tout seul, même s'il ne sait pas bien faire et s'il a plutôt peur de l'eau. Il cherche à affirmer son pouvoir face à sa sœur et regrette que ce ne soit pas Joseph qui lui donne son bain car « Avec Joseph c'eût été autre chose. » L'enfant affirme donc sa puissance et progresse en autonomie tout au long du récit. À la fin de ce chapitre, il apprend à se débarrasser d'un tic embarrassant.

La liberté est essentielle pour cet enfant rêveur qui a besoin de se retirer parfois du monde pour penser et lire ; comme tout enfant, il a un espace personnel où il peut s'accomplir l'abri des regards, ce qui n'est guère possible dans la conception rousseauiste où le précepteur doit toujours garder un œil sur l'enfant… tout en le laissant libre, naturellement. C'est le rocher Jonas qui a cette fonction de « lieu à soi » pour reprendre une expression célèbre de Virginia Woolf, alors que Wole doit dormir sur la natte commune avec les autres enfants quand il quitte la première enfance : « c'était mon rocher, mon rocher à moi. […] Jonas était ma demeure personnelle et privée. » La lecture, tant décriée par Jean-Jacques Rousseau, permet également à l'enfant de s'évader de son quotidien et de gagner en liberté et le désir d'aller à l'école est suscité par le modèle de sa sœur mais aussi par la fascination liée aux livres de son père. Notons que sa première expérience scolaire repose là aussi sur une certaine audace (il se présente de lui-même à l'école avec des livres pris à son père alors qu'il n'a que trois ans) et une liberté totale (il pourra venir uniquement quand il en aura envie), bien loin des contraintes habituelles liées aux débuts de la scolarisation.

De plus, le jeune garçon fait l'expérience très concrète de la liberté en mettant à profit sa liberté de mouvement dans le troisième chapitre, lorsqu'il quitte l'enceinte de la mission pour se mêler à la foule qui suit le défilé. Cet épisode crucial mérite une attention approfondie : la première étape consiste à oser dépasser les limites de son territoire habituel (« J'avais compris que pour voir les choses beaucoup mieux il suffisait de sortir et de regarder. »), ce qui donne une sensation forte de liberté et de puissance. La libération est donc mentale tout autant que physique.

Au cours de cette escapade non prévue et solitaire (« cela promettait d'être une aventure »), il s'étonne lui-même de l'immensité du monde extérieur (« Cela dérangeait l'idée que je m'étais faite des étroites relations entre la mission et Aké. Je m'attendais à trouver le mur partout [...] Il n'en était rien. ») et raconte une expérience relativement euphorique, même s'il reconnaît finalement qu'il est perdu : « Alors je fis une découverte : j'étais seul. [...] je m'aperçus tout bonnement que je ne savais pas où j'étais ».

C'est aussi à l'occasion de cette promenade impromptue et solitaire qu'il fait la découverte de l'homme blanc, car il discute avec un Anglais qui va ensuite lui permettre de rentrer. Il gagne donc en autonomie grâce à sa liberté de mouvement et parvient à dépasser une première appréhension (il est gêné par l'accent nasillard de l'Anglais).

Lorsqu'il rentre enfin chez ses parents, il n'est pas vraiment puni pour son escapade mais placé plutôt sur un piédestal. L'aventure le consacre comme héros de la famille, ce qui récompense la prise de décision et la liberté d'oser affronter le monde extérieur. Il en tire un bilan positif et a l'impression d'avoir franchi un seuil dans sa vie : « Tout au fond de moi, tandis que je m'asseyais devant le plus énorme petit-déjeuner qu'il m'eût été donné de contempler, j'avais le vague sentiment d'avoir été la cause de toute l'émotion de la veille et d'être maintenant tout différent de ce que j'étais avant le défilé. »

L'entrée au lycée d'Abekuota est aussi présentée comme un gain de liberté : il quitte le foyer familial, trouve de nouveaux camarades et gagne en maturité (juste après l'expérience de son initiation menée sous la conduite de son grand-père). Au lycée, le jeune Wole fait l'expérience d'une liberté excessive confinant au laxisme et à l'anarchie sous la férule déclinante du professeur Wèé-Wèé qui remplace provisoirement le proviseur (des enfants font le mur, commercent avec l'extérieur, un élève fuit son père après l'avoir volé, un autre séduit et met enceinte une jeune fille), et il découvre ensuite le retour à l'ordre incarné par Daodu qui reprend ses fonctions et fait régner la discipline la plus sévère. Mais curieusement, l'enfant ne semble pas apprécier fortement l'anarchie du lycée d'Abekuota liée à l'absence de Daodu, et il accepte volontiers l'ordre imposé par ce dernier, même s'il doit en payer les conséquences lorsqu'il est puni publiquement pour avoir commis une faute. Il n'en tiendra pas longtemps rigueur au proviseur qu'il respecte et admire énormément (« Moins d'une semaine plus tard il avait repris sa place dans mon admiration. »). En réalité, il accepte cet ordre car cela lui semble être un ordre juste, Daodu donnant une chance aux accusés de se défendre, comme dans le fameux épisode du coq attrapé et rôti par des élèves menés par le jeune Iku qui incarne une forme de transgression des limites et de grande liberté assumée (« Iku défiait constamment la mort dans le choix de ses itinéraires pour ses expéditions nocturnes, dont chacune aurait pu se terminer par une jambe cassée. Il avait l'air sûr de lui. », « Depuis longtemps les professeurs avaient renoncé à sévir contre lui et ils le laissaient faire pratiquement tout ce qu'il voulait. »). Iku et ses camarades peuvent plaider leur cause et sont d'abord acquittés puis condamnés à manger le coq rôti et rien d'autre pendant plusieurs jours.

Enfin, les derniers chapitres du livre montrent une évolution vers la libération qui prend plusieurs aspects : c'est d'abord une libération mentale de l'enfant qui grandit et se défait de ses habitudes d'enfant, il est moins turbulent, moins rêveur, il s'intéresse plus au monde qui l'entoure ; comme il fait moins de bêtises, il est moins puni, il a intégré les règles et les a comprises, ce qui montre une vraie réussite sur le plan éducatif. De plus, il observe le développement de la lutte des femmes contre les inspecteurs du marché, les percepteurs puis les autorités. Il est d'abord témoin puis s'engage à les aider en servant de factotum (homme à tout faire), épaulant Beere et sa mère Chrétienne Sauvage. Wole découvre à cette occasion la corruption et l'injustice du système politique du roi local qui est lui-même totalement inféodé aux coutumes mais surtout aux Blancs. L'opposition de Beere, la femme de Daodu, au District officer blanc, est une belle leçon de liberté donnée par la femme charismatique au jeune garçon qui va ensuite prendre conscience du racisme latent qui sous-tend le système colonial. Il n'est pas étonnant que le livre se termine sur la promesse de l'entrée prochaine au Lycée National, tenu par des Blancs, qui permettra une entrée dans le monde adulte et l'usage plein et entier de la liberté de pensée et d'agir de celui qui deviendra l'écrivain engagé que l'on sait.

On observe donc un gain constant de liberté tout au long de l'ouvrage, parallèle à la croissance et à l'évolution psychologique et intellectuelle du jeune Wole Soyinka.

Fiche 16

Jeux, bêtises et autres péchés de jeunesse

1. Jean-Jacques Rousseau

À la fin du livre II de l'*Émile*, Jean-Jacques Rousseau dépeint avec plaisir l'enfant épanoui, heureux, comme le résultat de sa remarquable méthode éducative : « N'est-ce pas le spectacle de cet âge, un spectacle charmant et doux, de voir un joli enfant, l'œil vif et gai, l'air content et serein, la physionomie ouverte et riante, faire, en se jouant, les choses les plus sérieuses, ou profondément occupé des plus frivoles amusements ? » Auparavant, il avait invité ses lecteurs à favoriser la jeunesse plutôt qu'à essayer de former par avance de futurs adultes : « Aimez l'enfance ; favorisez ses jeux, ses plaisirs, son aimable instinct. Qui de vous n'a pas regretté quelquefois cet âge où le rire est toujours sur les lèvres, et où l'âme est toujours en paix ? Pourquoi voulez-vous ôter à ces petits innocents la jouissance d'un temps si court qui leur échappe, et d'un bien si précieux dont ils ne sauraient abuser ? » Les enfants sont donc invités à jouer dans le jardin d'Épicure, si l'on peut dire, en toute allégresse.

Mais à la lecture des deux premiers livres de l'ouvrage, nous pouvons être marqués par la grande austérité de l'éducation proposée par le philosophe. En effet, l'enfant est coupé de toute sociabilité : il ne voit aucun enfant, ni domestique (les valets semblent particulièrement corrupteurs pour le penseur genevois), ni aucun adulte autre que son gouverneur. Jean-Jacques Rousseau insiste sur cet isolement pour préserver la pureté de l'enfant. Il ne peut donc pas jouer avec des enfants de son âge et doit développer des loisirs au cours de promenades dans la campagne en compagnie de son précepteur.

Naturellement, Jean-Jacques Rousseau ne se montre pas l'ennemi des jeux et des divertissements mais il n'indique pas clairement comment l'enfant pourrait jouer dans de telles conditions d'éducation. Il encourage l'enfant à aller et venir joyeusement dans un esprit de liberté mais le précepteur doit toujours le garder sous sa surveillance. À la fin du deuxième livre, le penseur évoque des jeux de nuit que l'enfant peut pratiquer (avec d'autres d'ailleurs) pour ne plus avoir peur du noir. Ainsi, le jeu doit avoir une dimension pédagogique et peut servir à éduquer l'enfant ; il ne semble pas être gratuit.

Quant aux éventuelles bêtises ou frasques, Jean-Jacques Rousseau manifeste un avis très tranché. Pour lui, l'enfant est bon naturellement et s'il fait une bêtise, c'est sans penser à mal car il ne comprend pas ce qu'il fait et ne maîtrise pas réellement ses gestes au début de sa vie : « Un enfant veut déranger tout ce qu'il voit : il casse, il brise tout ce qu'il peut atteindre ; il empoigne un oiseau comme il empoignerait une pierre, et l'étouffe sans savoir ce qu'il fait. » Ainsi, le philosophe déresponsabilise le petit enfant, ce qui peut se comprendre, mais il va ensuite renvoyer la faute au précepteur. Si l'enfant fait du mal, c'est parce qu'il a été mal éduqué, et que sa nature bonne a été pervertie. Il revient donc au précepteur de le préserver de toute modification de son bon fond.

Jean-Jacques Rousseau va même plus loin en récusant l'idée d'une méchanceté volontaire de l'enfant, absolument contraire à son postulat de bonté originelle : « Toute méchanceté vient de faiblesse : l'enfant n'est méchant que parce qu'il est faible ; rendez-le fort, il sera bon. »

On comprend donc que les bêtises commises par l'enfant peuvent être facilement évitées si on l'éduque bien. Pour le philosophe, les bêtises ne font pas partie des aspects inévitables de l'enfance. Rousseau dépeint un cas d'enfant capricieux qui fait de nombreuses frasques et qui sort en promenade tout seul, errant dans un cadre qu'il ne maîtrise pas. Pour lui, si cet enfant en est arrivé là, c'est parce qu'il a été trop gâté par sa mère qui ne pense qu'à le couver, alors que le père laisse faire. Pour faire cesser les bêtises et les caprices, il faudra intervenir fermement et lui donner de nouvelles habitudes : le père de l'enfant le menace de le laisser dehors s'il recommence à partir tout seul, ce qui est radical.

Quant aux péchés de jeunesse, ils ne sont pas tolérés non plus par le philosophe. Si l'enfant ment, c'est en réalité de la faute du précepteur, s'il triche ou désobéit, c'est aussi lié à son éducation. Il faut donc pour Rousseau faire preuve d'une très grande vigilance pendant les premières années de la vie de l'enfant pour lui éviter toute occasion de développer ces mauvaises habitudes, vues comme des réactions de l'enfant face à un monde extérieur trop complexe ou contradictoire : « les mensonges des enfants sont tous l'ouvrage des maîtres, et que vouloir leur apprendre à dire la vérité n'est autre chose que leur apprendre à mentir ». Il propose donc de changer radicalement d'approche face au mensonge et d'agir avec pragmatisme : « Ainsi vous ne déclamerez point contre le mensonge, vous ne les punirez point précisément pour avoir menti ; mais vous ferez que tous les mauvais effets du mensonge, comme de n'être point cru quand on dit la vérité, d'être accusé du mal qu'on n'a point fait, quoiqu'on s'en défende, se rassemblent sur leur tête quand ils ont menti. » L'enfant comprend donc les méfaits du mensonge concrètement sans que le rapport à la morale ne soit abordé. Jean-Jacques Rousseau poursuit en prônant l'abandon de l'exigence de vérité chez le précepteur : « Pour nous, qui ne donnons à nos élèves que des leçons de pratique, et qui aimons mieux qu'ils soient bons que savants, nous n'exigeons point d'eux la vérité, de peur qu'ils ne la déguisent, et nous ne leur faisons rien promettre qu'ils soient tentés de ne pas tenir. »

On voit ici comment fonctionne la méthode rousseauiste : remonter aux origines du péché éventuel pour l'empêcher de se développer.

Quant à la gourmandise, elle n'est pas châtiée par Rousseau car il faut laisser l'enfant manger à sa faim ; c'est en le frustrant que l'on crée la gloutonnerie : « Au reste, quelque sorte de régime que vous donniez aux enfants, pourvu que vous ne les accoutumiez qu'à des mets communs et simples, laissez-les manger, courir et jouer tant qu'il leur plaît ; puis soyez sûrs qu'ils ne mangeront jamais trop et n'auront point d'indigestions. » Cette logique renvoie à la méthode qui consiste à intervenir avant le développement même des mauvaises habitudes.

2. Hans Christian Andersen

Il y a peu d'enfants turbulents ou capricieux chez Hans Christian Andersen, si ce n'est la fille de la cheffe des brigands dans « La reine des neiges », personnage capricieux et inquiétant s'il en est (« Elle venait d'être mordue à l'oreille par sa propre petite fille qui était suspendue dans son dos et qui était si sauvage et si mal élevée que c'était un plaisir. [...] elle voulait absolument qu'on cède à son caprice, car elle était gâtée et entêtée » p. 176).

En revanche, les enfants qui se détachent de la tutelle de leurs parents pour découvrir le monde comme le crapaud ou la petite sirène (qui décide de devenir humaine et renonce au monde aquatique) et qui sont donc dans une forme de transgression de l'autorité parentale sont souvent très sévèrement punis, voire carrément mis à mort (le crapaud est tué par la cigogne mais sa pierre magique monte au ciel, la petite sirène meurt mais est transformée en esprit de l'air). Ainsi, Hans Christian Andersen décourage par avance ses petits lecteurs de se rebeller contre les recommandations des parents.

Bien sûr, les situations de transgression ne débouchent pas toutes sur une issue fatale ; heureusement, certains jeunes tels le ramoneur et la bergère sont en butte au jugement des adultes ou de personnages représentant l'autorité traditionnelle et la vieillesse comme la figurine du vieux chinois, mais ils parviennent à contourner leur désapprobation. Quand Jorgen s'apprête à aller en ville, sa mère, au début peu favorable, finit par l'y autoriser. À la fin de « La reine des neiges », les deux héros Kay et Gerda, qui sont partis et ont été absents bien longtemps, reviennent voir la grand-mère et tout redevient comme avant, si ce n'est qu'ils ont grandi.

Très souvent, Hans Christian Andersen représente des enfants heureux en famille, baignant dans l'harmonie, obéissant à leurs parents, respectant l'autorité, remerciant les gentils philanthropes qui les aident par pure bonté d'âme. Nulle révolte, nulle rancœur dans ce monde ouaté de conte de fées. Ainsi, les petits pauvres sont tout contents d'avoir des pommes de terre dans « Les bougies » et sont présentés comme aussi heureux que les enfants riches. Pas de dispute entre enfants, pas de jeux violents.

On peut noter toutefois un bémol : les enfants sont parfois capables d'une certaine méchanceté entre eux : ainsi, le vilain petit canard est critiqué et isolé par ses frères et par tous les autres personnages rencontrés ensuite, sauf par les cygnes et sa mère au début.

C'est quand ils entrent dans l'âge adulte que les personnages se mettent à mal tourner ou à être malheureux, comme Rasmus le pouilleux, ancien enfant joyeux devenu un adulte dépressif, désespéré et usé par la vie ou bien Jorgen qui subit bien des avanies avant de mourir. Leur malheur est souvent présenté comme injuste, non mérité, et pas du tout comme la conséquence de tares initiales.

Comme dans beaucoup de contes de fées, l'enfance est dépeinte comme un âge d'or, plein d'innocence, et la misère ou la pauvreté n'entachent en rien cette impression de douce sérénité.

3. Wole Soyinka

C'est surtout dans *Aké les années d'enfance* que la question des jeux et des frasques éventuelles des enfants est développée, parce qu'on se trouve dans le cadre d'un récit autobiographique et que l'enfant a évolué pendant des années au milieu de ses frères et sœurs et de ses camarades du même âge. On est bien loin de l'extrême isolement d'Émile, qui a été coupé du monde par son gouverneur.

Ainsi, Wole Soyinka raconte ses différentes frasques avec humour et légèreté sans se cacher et sans atténuer sa responsabilité. Il ne cherche pas à se dédouaner, mais rien ne semble bien grave parmi les petites incartades qu'il narre. L'éducation protestante reçue par l'enfant ne semble pas avoir inscrit chez lui une quelconque culpabilité, et il semble évoluer en toute innocence.

Wole Soyinka se remémore volontiers ses jeux d'enfant et son attitude de jeunesse. Il joue d'abord avec sa sœur puis comme celle-ci grandit et le délaisse quelque peu (« Ma compagne de jeux de naguère était entrée dans un monde nouveau, et bien que nous continuions à jouer ensemble, elle avait maintenant une nouvelle base à sa disposition. »), il se tourne assez volontiers vers des rêveries personnelles, la lecture et l'isolement. Il imagine beaucoup de choses quand il est sur son rocher Jonas, la rêverie étant un loisir important de l'enfant et lui permettant de s'évader et d'élargir son rapport au monde.

Par ailleurs, il ne se présente pas comme un enfant particulièrement turbulent ou capricieux par opposition à son jeune frère Dipo, dépeint comme un casse-cou, un bagarreur comme l'oncle qui a le même nom que lui (même si au cours d'une de leurs algarades, c'est le paisible Wole qui va le battre et qui va même le passer à tabac sans s'en rendre vraiment compte) ou à Bukola, la fille du libraire qui est une véritable enfant gâtée. Évidemment, tout est présenté à travers son propre point de vue, ce qui peut comporter un certain biais, mais Wole Soyinka ne se peint pas pour autant comme un petit saint.

Les seuls moments où il essaie de s'affirmer et d'imposer sa volonté à son entourage se situent au début du livre, notamment dans le quatrième chapitre racontant son bain. Comme beaucoup d'enfants, il n'aime pas sentir sa dépendance vis-à-vis de sa grande sœur et veut se laver tout seul, alors qu'il n'en a pas vraiment envie. Il fait exprès de ne pas bien faire, car il a secrètement peur de l'eau, malgré ses propres dénégations. Cet épisode est l'occasion pour le jeune Wole de montrer son influence sur les adultes ou ses aînés en général : ainsi, il veut imposer sa loi à sa sœur mais sans succès (« Nubi ne voulait pas céder. Avec Joseph c'eût été autre chose. »), il prétend aussi mieux savoir que les autres et fait le raisonneur : « Non, ils n'avaient pas compris ; j'étais sûr, comme à l'ordinaire, d'avoir trouvé la faille dans leur raisonnement. »

Mais ces manifestations de supériorité et ces tentatives d'intimidation sur son entourage sont toujours présentées comme des marques de vivacité d'esprit de l'enfant et jamais vraiment comme de l'insolence caractérisée. Ainsi, son entourage s'émerveille quand il répond qu'il a l'âge d'aller à l'école (« Un jour j'annonçai : "Je vais à l'école". Cela devint une plaisanterie que l'on se répétait, provoquant aussitôt de gros rires. […] J'ai presque trois ans. En tout cas je viens à l'école. J'ai des livres. »), alors que ce n'est absolument pas le cas, ou quand il répond au pasteur qu'il ne sait pas vraiment s'il a parlé au temple. Pas de fâcherie excessive et pas de reproche envers cet enfant qui se présente volontiers comme un prodige et qui est tenu pour tel par sa famille. Seule la mère, Chrétienne Sauvage, insiste pour qu'il soit puni dans ces cas-là et elle reproche à Essay son laxisme : « Tu ne devrais pas trop l'encourager, mon chéri. Il est trop raisonneur. »

N'oublions pas non plus le fameux épisode de son escapade solitaire hors de la mission évoquée dans le troisième chapitre qui se termine par une satisfaction générale de sa famille : il n'est pas vraiment puni pour ce qu'il a fait, on lui sert au contraire un énorme petit-déjeuner, et l'enfant n'a pas conscience de la gravité de son acte, comme le montre la fin du chapitre : « Tout au fond de moi, tandis que je m'asseyais devant le plus énorme petit-déjeuner qu'il m'eût été donné de contempler, j'avais le vague sentiment d'avoir été la cause de toute l'émotion de la veille et d'être maintenant tout différent de ce que j'étais avant le défilé. »

En revanche, Wole Soyinka raconte comment il a été corrigé quand il faisait de vraies bêtises, confinant au péché, très important aux yeux de Chrétienne Sauvage qui veille de près à la moralité de son petit garçon (elle lui rappelle notamment que le diable le menace par ses tentations, évoquant aussi les démons issus de la culture yoruba). Ainsi, sa mère le gronde quand il se livre à une gourmandise excessive en mangeant le produit lacté destiné au bébé dans le sixième chapitre. Après avoir été rossé, après avoir promis de changer et de ne plus le refaire (« Je vais changer, man. Avec l'aide de Dieu, je promets de changer. »), il se livre en secret à son péché mignon avec un plaisir de la transgression qu'il ne boude pas et qu'il avoue dans son récit avec une certaine surenchère : « Je m'étais pris de passion pour cette friandise poudreuse au goût le plus exquis, douce, fondante, légère à la langue. » Cette persistance dans la faute montre bien que le plaisir dépasse la douleur de la punition mais peut être considérée également comme le signe d'une certaine force de caractère du jeune garçon qui résiste courageusement aux punitions (ce qu'il refera quand il sera fouetté par le proviseur Daodu, vers la fin du livre : « Et je fis un pas en avant. […] Je ne me permis d'entendre que le décompte, non les coups eux-mêmes. Ce fut vite fini. Je me redressai et me rappelai juste à temps : "Merci, monsieur le Proviseur" »), et qui subira bien plus tard les épreuves de l'emprisonnement, de l'exil et des menaces de mort, au nom de ses convictions politiques.

Toujours est-il que l'enfant évolue positivement (« j'étais maintenant beaucoup moins enclin à la rêverie et je réagissais avec un certain enthousiasme à un environnement bruyant ») et corrige ses défauts : il se débarrasse d'un tic à la fin du quatrième chapitre, n'a plus peur de l'eau, puis cesse de faire des bêtises avec le temps, comme il le souligne lui-même au onzième chapitre : « Ni l'un ni l'autre ne punissaient plus nos petits délits et ceux-ci à leur tour diminuaient, si bien qu'il n'y avait vraiment plus rien à nous reprocher. »

Le temps de la pré-adolescence n'est pas exempt de frasques de jeunesse mais ce sont plus les camarades de classe du jeune Wole qui s'en rendent coupable que le héros lui-même, qui n'est pas un rebelle. Ses frasques sont quand même nettement plus graves que les petits écarts du jeune garçon car il est environné d'adolescents voire de jeunes adultes : ainsi, un garçon vole son père et s'enfuit quand il apprend son arrivée, un autre fait le mur et met enceinte une jeune fille, d'autres vont tuer un coq appartenant au directeur pour le faire rôtir et le manger. Quand les coupables sont punis devant toute l'école réunie, les élèves manifestent par leurs applaudissements une solidarité envers leur camarade châtié, qui est ressentie comme un défi à l'autorité des adultes mais qui ne va jamais jusqu'à la révolte ou la rupture nette. Ce genre de scènes est d'ailleurs présenté avec une certaine bonhomie de la part du narrateur qui n'hésite pas à avoir recours à l'humour pour désamorcer l'aspect humiliant du châtiment en public : « Et alors un tonnerre d'applaudissements ébranla le plafond de la grande salle des rassemblements. » La réaction, somme toute excessive, du malheureux Wèé-Wèé, personnage ridicule et sans autorité s'il en est, (« Idiots, effrontés incorrigibles, vous croyez vraiment que cela mérite des applaudissements ? [...] Vous devez avoir l'âme totalement corrompue. ») ne place pas le lecteur du côté de l'autorité des adultes mais plus du côté des enfants frondeurs. Enfin, un personnage d'adolescent turbulent et perturbateur se détache du récit et fait figure de modèle, ou du moins d'objet d'admiration, pour le jeune Wole. Il s'agit d'Iku, qui a tué le coq du proviseur Daodu et qui se défend avec panache lors du procès tenu dans l'enceinte du lycée d'Abekuota. Iku représenterait l'adolescent en transition entre les tours des enfants et l'indépendance de l'adulte : « Iku défiait constamment la mort dans le choix de ses itinéraires pour ses expéditions nocturnes, dont chacune aurait pu se terminer par une jambe cassée. Il avait l'air sûr de lui. [...] Depuis longtemps les professeurs avaient renoncé à sévir contre lui et ils le laissaient faire pratiquement tout ce qu'il voulait. »

Globalement, tout ceci reste « bon enfant » mais il ne faudrait pas imaginer pour autant que tous les enfants présentés dans le livre sont toujours innocents, purs et gentils. Il y a quelques cas où ils peuvent faire preuve d'une certaine méchanceté, notamment lorsque la folle est chassée du village, à la fin du dixième chapitre, alors qu'elle n'a rien fait aux enfants : « Les enfants s'approchèrent, éparpillèrent son feu, jetèrent les hardes et les boîtes en carton qui restaient dans les buissons où se trouvait autrefois sa cabane. [...] Il ne fallut pas plus d'une semaine pour que Aké eût totalement oublié la folle enceinte, Sorowanke. » On est bien loin ici de l'innocence rousseauiste.

Wole Soyinka revoit donc avec une certaine tendresse ses pratiques d'enfant et montre à ses lecteurs qu'il a su grandir paisiblement et dépasser ses petites incartades et mauvaises habitudes de jeunesse pour devenir un adulte accompli.

Fiche 17

La nostalgie de l'enfance ?

Étymologiquement, la nostalgie désigne une forme de douleur ou de regret par rapport à un espace ou une époque vers lesquels on aimerait revenir. Cela renvoie donc au mal du pays mais cela désigne aussi une forme de rapport mélancolique à un temps révolu, qui ne reviendra jamais, mais que l'on se plaît à convoquer dans nos souvenirs. Pour le philosophe français du vingtième siècle Vladimir Jankélévitch, notre rapport au temps serait marqué par l'irréversible et la nostalgie (titre de son grand ouvrage sur le temps) : nous savons rationnellement que le temps est irréversible et que le passé ne pourra jamais revenir tel quel, mais nous aimerions revenir en arrière inconsciemment et irrationnellement. Nous sommes donc dans un paradoxe permanent et un rapport problématique à la temporalité.

1. Jean-Jacques Rousseau

La question de la nostalgie n'est pas centrale dans l'*Émile* car le livre n'est pas un récit personnel mais un traité de pédagogie, un ouvrage didactique. Cependant, on voit poindre ce sentiment dans quelques passages du livre II.

C'est à la fois une nostalgie personnelle, un regret par l'auteur de sa propre enfance mais aussi une nostalgie plus générale qui toucherait tous les êtres arrivés à un certain âge.

Cet aspect apparaît dès le début du livre II. En effet, Jean-Jacques Rousseau s'intéresse à l'enseignement que l'on doit commencer à entreprendre et laisse échapper une réflexion générale sur l'insouciance heureuse de la jeunesse : « Aimez l'enfance ; favorisez ses jeux, ses plaisirs, son aimable instinct. Qui de vous n'a pas regretté quelquefois cet âge où le rire est toujours sur les lèvres, et où l'âme est toujours en paix ? Pourquoi voulez-vous ôter à ces petits innocents la jouissance d'un temps si court qui leur échappe, et d'un bien si précieux dont ils ne sauraient abuser ? »

On voit bien qu'en s'adressant à ses lecteurs, il pourrait sous-entendre un possible regret personnel de l'enfance. Le lyrisme de cette belle déclaration affiche une dimension universelle et poétique et révèle une tendance à idéaliser l'enfance que l'on retrouvera de plus en plus dans la suite du livre II.

En effet, le philosophe va aller plus loin et à la fin du livre II, il franchit un cap et revient sur son passé. Il ne s'adresse plus seulement à tous ses lecteurs mais il se parle plus directement à lui-même, se prenant aussi pour objet de discours. Quand il évoque la peur du noir chez les enfants, le philosophe genevois insère une anecdote personnelle où il raconte comment il a vaincu sa peur de l'obscurité (cf. fiche 18) et il justifie cette digression autobiographique par un discours adressé au lecteur en général : « Il est un terme de la vie au delà duquel on rétrograde en avançant. Je sens que j'ai passé ce terme. Je recommence, pour ainsi dire, une autre carrière. Le vide de l'âge mûr, qui s'est fait sentir à moi, me retrace le doux temps du premier âge. En vieillissant, je redeviens enfant, et je me rappelle plus volontiers ce que j'ai fait à dix ans qu'à trente. »

Il s'agit ici de chercher la sympathie du lecteur et de faire partager aussi ce regret du passé à tout lecteur qui sera amené à penser lui-même à ses premières années. Le propos oscille entre affirmation personnelle du désir de retrouver l'enfance et mouvement général porté par le « on » du début.

Jean-Jacques Rousseau va développer la dimension générale de la nostalgie à la toute fin du livre II. En effet, le penseur s'attache au spectacle agréable de l'enfance : « N'est-ce pas le spectacle de cet âge, un spectacle charmant et doux, de voir un joli enfant, l'œil vif et gai, l'air content et serein, la physionomie ouverte et riante, faire, en se jouant, les choses les plus sérieuses, ou profondément occupé des plus frivoles amusements ? » Pour lui, il y a un vrai plaisir à contempler l'enfant qui symbolise l'insouciance, l'innocence, la pure joie de vivre, éléments qu'on aura du mal à retrouver chez un adulte. C'est cette contemplation du pur bonheur qui nous ferait envie dans l'enfance. Rousseau explique qu'on apprécie d'autant plus ce spectacle qu'il forme un violent contraste avec la réalité de l'adulte : « Quand est-ce que nous goûtons un vrai plaisir à voir un homme ? c'est quand la mémoire de ses actions nous fait rétrograder sur sa vie, et le rajeunit, pour ainsi dire, à nos yeux. Si nous sommes réduits à le considérer tel qu'il est, ou à le supposer tel qu'il sera dans sa vieillesse, l'idée de la nature déclinante efface tout notre plaisir. Il n'y en a point à voir avancer un homme à grands pas vers sa tombe, et l'image de la mort enlaidit tout. »

Ainsi, pour Jean-Jacques Rousseau, nous aimons repenser à l'enfance par peur de la mort et du passage du temps, et la nostalgie nous libérerait d'une certaine manière d'une forme d'angoisse liée à la proximité du trépas. Mais on peut se demander aussi si notre vision de l'enfance n'est pas biaisée, idéalisée et donc inconsciemment transformée par notre mémoire. La nostalgie nous pousserait à embellir involontairement la réalité passée car elle nous rappelle nos premières années, notre période d'insouciance. Évidemment, Rousseau ne peut pas en son temps recourir aux notions d'inconscient, de faux souvenir ou de sublimation, qui émergeront au siècle suivant, mais la question est sous-jacente.

Enfin, il porte dans les dernières pages de l'ensemble un regard rétrospectif sur Émile et trace un bilan somme toute positif : « Il est parvenu à la maturité de l'enfance, il a vécu de la vie d'un enfant, il n'a point acheté sa perfection aux dépens de son bonheur ; au contraire, ils ont concouru l'un à l'autre. […] Au moins il a joui de son enfance ; nous ne lui avons rien fait perdre de ce que la nature lui avait donné. »

C'est sur ces considérations optimistes qui montrent le bien-être naturel de l'enfant qui n'a pas encore été projeté dans le temps des hommes et de la société, encore situé dans une forme de cocon coupé du monde réel, que Jean-Jacques Rousseau achève sa réflexion du livre II. Peut-être que le meilleur moyen de ne pas avoir le regret de l'enfance est de la vivre pleinement sans penser au temps qui passe et à la nécessité d'en sortir un jour.

2. Hans Christian Andersen

Le monde d'Hans Christian Andersen est centré sur l'enfance, comme il se doit pour des contes de fées. L'enfance est présentée comme une époque bénie, où les individus connaissent en général une forme d'insouciance et de bonheur, ce qui peut susciter légitimement une certaine nostalgie. Pour l'écrivain scandinave, dans le meilleur des cas, l'enfance pourrait irradier l'ensemble de la vie : « L'enfance a pour tout le monde ses moments lumineux qui, par la suite, illuminent toute la vie. » (p. 294). Mais cela n'est pas valable en permanence car quelques personnages vivent aussi une enfance difficile, comme la petite marchande d'allumettes.

Ainsi, dans « En regardant par une fenêtre à Vartou », le narrateur raconte des scènes de jeux innocents d'enfants pauvres près de Vartou, un hospice de Copenhague, observés notamment par une vieille fille malheureuse et il s'adresse à son personnage : « Joue, petite fille ! Bientôt viendront les années… eh oui ! Ces années bienheureuses où les premiers communiants se promènent main dans la main. […] Et les années passent, il y a beaucoup de jours sombres, mais tu restes jeune de cœur, et tu te fais un ami, sans le savoir ! […] Depuis Vartou, derrière la balsamine, tu regardes les enfants jouer, tu vois ton histoire se répéter. Et c'est justement le drame de toute sa vie qui défile à l'esprit de la vieille fille. » (p. 258). La vieille fille qui a connu une existence éprouvante se revoit donc dans les jeunes enfants qu'elle contemple avec nostalgie. Là encore, l'idéalisation de l'enfance est le fruit d'un regard biaisé et mélancolique et d'une projection imaginaire de l'observateur dans l'objet de sa contemplation qu'il ne connaît pas intimement.

Mais si l'enfance se retrouve souvent mise sur un piédestal chez le conteur danois, il n'en reste pas moins qu'il y a de nombreux cas d'adultes qui parviennent à conserver leur âme d'enfant, ce qui leur permet de garder l'innocence mais sans ressentir de nostalgie, sans avoir une impression de perte. Ainsi, dans « La reine des neiges », Gerda et Kay reviennent chez la grand-mère après bien des périples et le lecteur découvre qu'ils ont vieilli et sont devenus des adultes, la quête de Gerda pour retrouver son ami Kay prisonnier de la reine des neiges ayant été assez longue visiblement. Mais d'après Andersen, ils n'ont rien perdu de leur innocence, car Kay est resté un enfant pendant son séjour glacé : « La grand-mère était assise sous les rayons vifs du soleil de Dieu et elle lisait à haute voix dans la Bible : "Si vous ne devenez pas comme des enfants, vous n'entrerez pas dans le royaume de Dieu." […] Ils étaient assis là, tous deux, adultes et cependant enfants, enfants par le cœur, et c'était l'été, l'été chaud et béni. » (p. 188). On le voit, la fin du conte permet à Hans Christian Andersen d'introduire une référence chrétienne et d'indiquer aux lecteurs qu'ils doivent garder leur âme d'enfant pur pour mériter le paradis.

Enfin, le conteur présente des cas plus complexes de personnages en pleine déchéance sociale : l'itinéraire de Rasmus le pouilleux est exemplaire, dans « Ce que racontait la vieille Johanne ». Après une enfance heureuse, il sombre peu à peu dans la dépression et la misère : « C'est ainsi qu'il finit par sombrer dans la mélancolie. Il tenait plus de son père que de sa mère. » (p. 394). Son amie d'enfance, Johanne, encore plus pauvre que lui à l'origine mais assez gaie de tempérament, assiste à sa déliquescence progressive avec une certaine amertume : « Mais pense tout de même à ta mère et à ton enfance ! Tu étais à l'époque un garçon gentil et pieux. » (p. 401). C'est elle qui lui rappelle son passé heureux, ce qui ne provoque pas de sursaut chez Rasmus qui se contente de répondre « à quoi bon ». Ici, la nostalgie est plus extérieure qu'intérieure car on ne sait pas ce que pense vraiment Rasmus.

3. Wole Soyinka

C'est dans *Aké les années d'enfance* que la dimension nostalgique est la plus affirmée car il s'agit d'un récit autobiographique entrepris par un écrivain quasi quinquagénaire qui a connu bien des épreuves (emprisonnement, exil) et bien des luttes (contre le colonialisme, pour la démocratie). Cette impression de nostalgie est d'autant plus marquée que Wole Soyinka présente un récit d'une enfance tout à fait heureuse et épanouie. Rien de négatif ne transparaît dans la remémoration des premières années.

La nostalgie porte d'abord sur les lieux disparus de l'enfance du narrateur : ainsi, Soyinka se livre régulièrement dans les premiers chapitres de son ouvrage à une déploration sur les ravages du temps et les modifications de l'espace autrefois familier, renouvelant ainsi un motif traditionnel du Moyen Âge et de la Renaissance (*ubi sunt*, où sont passés les éléments d'autrefois). Cependant, rien de rhétorique dans ce regret, même si on sent une certaine poésie ou une forme de célébration solennelle dans la manière d'évoquer ces endroits. En voici quelques marques : « Il est arrivé malheur à la mission d'Aké. Le sol s'est érodé, les pelouses se sont dénudées et le mystère a été chassé des hauteurs autrefois si secrètes. » ou bien « L'Évêché de la Mission d'en Haut n'est plus. » En comparaison avec l'espace d'autrefois, le réel semble bien fade ou dégradé : « Les maisons qui survivent, et qui formaient les remparts de la mission d'Aké, ne sont plus que des caisses d'emballage sur un paysage affaissé, plein de fissures, mis à nu, sans force. »

Cette nostalgie porte aussi sur des éléments naturels comme le fameux baobab du chapitre V : « Même le baobab a perdu de sa taille avec le temps ; et pourtant j'avais cru que ce rempart serait éternel, échapperait aux perspectives élargies d'une enfance disparue. » Ici, le lien entre l'arbre symbole africain par excellence et l'enfance révolue est établi clairement. Mais derrière le regret des lieux, il y a bien sûr un sentiment de perte de la joie et de la magie de l'enfance, temps de l'insouciance et d'un rapport au monde dominé par le merveilleux.

Wole Soyinka semble aspirer à reconstituer un univers intemporel, quasi mythique, où le temps n'est pas encore apparu, ce qui est bien sûr une manière de restituer le regard de l'enfant mais aussi une forme d'illusion (une reconstruction idéalisée de notre mémoire). Ainsi, la maison d'enfance d'Isara, dans la campagne, est désignée comme un lieu béni, un lieu de villégiature, associé aux fêtes du nouvel an mais aussi au grand-père de Wole, désigné sous le nom de Père. Cet espace semble antique, comme immémorial, directement lié à la tradition ancestrale, loin de la modernité : « Isara était une demeure d'un autre genre, à plusieurs pas en arrière dans le passé. Le temps baignait tous les recoins, la patine des ancêtres brillait sur tous les objets, sur tous les visages. » Notons que c'est au chapitre VII, après ce premier épisode à Isara que le jeune garçon prend conscience du changement qui affecte tout le monde. Isara est donc bien ce lieu intemporel, festif, ce qui constitue un paradis pour un tout petit enfant, même si on apprend ensuite que tout y est vermoulu, en mauvais état, que l'hygiène laisse à désirer (des excréments jonchent le sol et les routes) et autres éléments moins enchanteurs. C'est aussi un lieu où les enfants du Directeur Essay sont considérés comme des personnages importants, ne sont pas tenus de se prosterner et sont coupés de leur univers quotidien.

La fin du livre montre une évolution vers plus de gravité et illustre une prise de conscience progressive des difficultés et des complexités du monde et de la vie : « Le moment était venu d'entreprendre les mutations mentales nécessaires pour accéder à un nouvel univers d'adultes irrationnels et à leur discipline. »

On comprend donc aisément que Wole Soyinka ait développé une vraie nostalgie pour l'enfance, typique du récit d'enfance mais répondant également à une aspiration visiblement personnelle.

Fiche 18

Raconter son enfance

1. Jean-Jacques Rousseau

L'*Émile* est un traité sur l'éducation qui propose un modèle d'instruction, coupé de la réalité personnelle de Jean-Jacques Rousseau. Cependant, on trouve dans le livre II de l'ouvrage des anecdotes personnelles racontées par le philosophe suisse à titre d'exemples pour appuyer ses théories. À aucun moment, il ne s'agit officiellement de parler de soi pour le plaisir de raconter son existence mais on constate que les digressions autobiographiques sont de plus en plus larges au fur et à mesure de l'avancée dans le livre II.

On trouve en effet de nombreux passages où Jean-Jacques Rousseau présente des épisodes de son passé récent, où il montre ses capacités de pédagogue. Il ne s'agit pas ici de souvenirs d'enfance, mais d'éléments autobiographiques où Rousseau se met en valeur et applique ses propres principes éducatifs. Face à l'enfant capricieux, il va parvenir à imposer son propre rythme et à guérir le jeune héritier noble de ses travers. Il va également se présenter comme un homme habile quand il interroge le jeune garçon apparemment très savant qui évoque un épisode de l'histoire d'Alexandre le Grand. Alors que tous s'extasient sur les connaissances du bambin, Jean-Jacques Rousseau est le seul à sentir que l'enfant n'a en réalité pas bien compris et il dialogue personnellement avec lui pour s'en assurer. Dans ces deux cas, Rousseau se présente comme un adulte avisé, qui va à l'encontre des pratiques habituelles et qui a raison contre tous, attitude que l'on retrouve dans bon nombre de ses écrits personnels. Ces passages personnels où le philosophe se donne une dimension extrêmement positive semblent préparer la voie à une plongée dans un passé plus lointain, celui de sa propre enfance.

Rappelons que Jean-Jacques Rousseau écrit en même temps que l'*Émile* le début de ses *Confessions*, ouvrage autobiographique revenant notamment sur ses premières années, qui sera publié à titre posthume. Certains personnages développés dans les *Confessions* reviennent donc dans l'*Émile*, montrant bien que les deux œuvres sont contemporaines et peuvent se lire de manière intertextuelle.

Penchons-nous sur les épisodes autobiographiques du livre II. Ils apparaissent plutôt vers la fin du livre et le philosophe justifie cette digression par une réflexion générale : « Il est un terme de la vie au delà duquel on rétrograde en avançant. Je sens que j'ai passé ce terme. Je recommence, pour ainsi dire, une autre carrière. Le vide de l'âge mûr, qui s'est fait sentir à moi, me retrace le doux temps du premier âge. En vieillissant, je redeviens enfant, et je me rappelle plus volontiers ce que j'ai fait à dix ans qu'à trente. »

Jean-Jacques Rousseau naturalise et universalise en quelque sorte le retour en arrière en considérant qu'il est rendu nécessaire par le vieillissement, et ce chez tout homme. Enfin, il interpelle directement le lecteur pour le prier d'accepter de lire un passage autobiographique, alors que ce n'est pas ce qui est attendu dans un ouvrage philosophique : « Lecteurs, pardonnez-moi donc de tirer quelquefois mes exemples de moi-même ; car, pour bien faire ce livre, il faut que je le fasse avec plaisir. »

Le plaisir revendiqué montre un narrateur qui affiche clairement la dimension personnelle de son exemple et qui va se présenter comme représentatif de tout enfant.

L'épisode qui suit relate comment le jeune Jean-Jacques, mis en pension chez le pasteur Lambercier avec son cousin Bernard, a dû affronter la peur du noir en allant chercher une Bible oubliée par le pasteur dans le temple (équivalent de l'église chez les protestants), en pleine nuit. Le récit repose sur une logique de mise en valeur de soi, typique chez l'auteur des *Confessions* : le jeune garçon se présente comme plus courageux que son cousin Bernard, assimilé à un vrai « poltron ». Pavoisant à moindres frais face à ce cousin faisant office de faire-valoir, Jean-Jacques est mis au défi par M. Lambercier : il doit prouver qu'il est à la hauteur de ses vantardises et doit rapporter une Bible laissée volontairement dans le temple vide. Cela ressemble à un schéma de conte initiatique, où le jeune héros doit prouver sa vaillance en accomplissant une quête, en rapportant un objet sacré, magique ou prestigieux à un adulte qui le met à l'épreuve. Le chien Sultan rencontré sur le chemin peut faire penser aux habituels animaux fabuleux ou monstrueux que le héros de conte doit défier pour réaliser sa quête. L'animal devient ensuite un adjuvant du héros (celui qui l'aide) et le rassure dans l'obscurité, car il se rassure en le caressant.

Le récit met en valeur l'enfant mais on pourrait voir une certaine distance humoristique du narrateur par rapport à lui-même petit. Cela se retrouve dans des expressions comme « ma fermeté romaine » ou « mon intrépide cousin », expression relevant nettement de l'antiphrase pour désigner le cousin Bernard resté bien à l'abri.

Dans cet épisode, Jean-Jacques Rousseau a l'honnêteté de reconnaître qu'il a eu peur du noir (« je fus saisi d'une terreur qui me fit dresser les cheveux », « je perdis la tête », « je tombai dans un bouleversement inexprimable »), comme tous les enfants, notamment quand il était seul dans le temple. Mais il se présente aussi en héros vainqueur face aux adultes : il se campe en modèle pour les enfants ayant peur du noir et son expérience illustre l'intérêt pédagogique de ce qu'il appelle les « jeux de nuit » qui doivent accoutumer les petits à l'obscurité. L'universalité de l'exemple et son caractère exemplaire sont donc finalement soulignés, ce qui permet de le rattacher à l'argumentation générale de Rousseau.

Jean-Jacques Rousseau a donc, on le voit, un regard assez tendre et complaisant sur lui-même enfant et il oscille entre une valorisation de soi, une mise en scène avantageuse à travers un récit quasi initiatique, et une attitude plus distancée, non exempte d'une certaine autodérision, assez légère.

En tout cas, c'est bien à travers le regard de l'adulte que se fait ce souvenir d'enfance.

2. Hans Christian Andersen

Les contes d'Andersen sont naturellement des fictions mais il n'est pas impossible de trouver dans le recueil au programme des textes plus proches de l'enfance vécue par le conteur danois. En effet, Andersen a lui-même rapproché le genre du conte et l'autobiographie dans son récit autobiographique *Le conte de ma vie*, publié au milieu du dix-neuvième siècle, alors qu'il est déjà mondialement célèbre, qui commence par ces mots « Ma vie est un beau conte. » Cette affirmation est déjà une réécriture de sa vie, tant on sait que les débuts dans l'existence d'Hans Christian Andersen furent difficiles.

Dans un conte comme « Elle n'était bonne à rien », Hans Christian Andersen reprend en filigrane, sans l'avouer, le personnage de sa propre mère. En effet, il transpose en fiction sa mère, qui était lavandière et qui a sombré dans l'alcoolisme, à tel point que l'auteur a dû la placer dans un hospice où elle a fini ses jours. Dans ce récit, la mère est décriée par tous les personnages et traitée de bonne à rien par le maire et d'autres notables, et ce devant son fils.

Mais le narrateur n'en reste pas là et démonte ces accusations progressivement : on comprend très vite que si elle boit pendant son travail, c'est pour se réchauffer (en effet, en tant que lavandière, elle est en permanence plongée dans de l'eau glacée au lavoir). La mère est présentée comme une femme endurante, très aimante pour son fils malgré sa misère et ses rudes conditions de travail. Elle est également très pieuse et sent la mort venir avec beaucoup de finesse et de soulagement.

De plus, elle dit elle-même que le maire ne devrait pas la traiter de bonne à rien devant son fils, même si cela est vrai. À aucun moment, le narrateur ne montre que l'enfant partage ce point de vue sur sa mère et bien au contraire, il termine le récit par une conclusion positive et élogieuse, prononcée par le personnage de Maren qui aide le jeune garçon dans son deuil, fonctionnant comme une ultime revanche de la mère disparue : « Si, elle était bonne à quelque chose [...] Je le sais depuis des années et depuis sa dernière nuit. Je peux te dire qu'elle était bonne à quelque chose ! Et Notre-Seigneur dans le royaume des cieux le dit aussi. Laisse donc le monde dire : "Elle n'était bonne à rien !". »

C'est toutefois une réécriture fictionnelle car dans la réalité, la mère d'Hans Christian Andersen est morte lorsque son fils était déjà adulte, alors que dans le conte, l'enfant orphelin hérite de son père naturel et sera placé en apprentissage par le maire.

Cette histoire montre bien le regard tendre et bienveillant qu'Hans Christian Andersen porte sur sa propre enfance, quitte à embellir certains aspects. On peut également se demander si le conteur danois ne se projette pas dans certains personnages fictionnels comme le jeune Hans, héros du conte « L'invalide », personnage maladif, souvent alité, mais grand lecteur d'histoires et qui parvient à faire des études et à grimper dans la société grâce à l'aide de riches protecteurs et de ses talents littéraires.

3. Wole Soyinka

Aké les années d'enfance est très clairement un récit autobiographique dans lequel Soyinka raconte ses premières années jusqu'à l'âge d'onze ans et demi, avant son entrée au Lycée National. Dans ce récit, il revient avec une certaine tendresse sur ce qu'il pensait et croyait lorsqu'il était enfant : il ne cherche pas du tout à régler ses comptes avec qui que ce soit et on ne ressent aucune animosité envers personne. Wole Soyinka semble avoir connu une enfance très heureuse et épanouie.

Ce qui est intéressant dans ce livre, c'est que l'auteur analyse rétrospectivement certains moments de sa vie qu'il n'avait pas totalement compris à l'époque, ce qui est un point très fréquent dans les autobiographies. Le temps de la narration (quand Soyinka a presque cinquante ans) influence le récit des années d'enfance, fatalement. Mais l'auteur africain met aussi en avant son regard innocent d'enfant face à certains événements majeurs.

Ainsi, Soyinka revient sur la mort de sa jeune sœur Folasade et montre qu'il n'avait pas vraiment compris à l'époque la maladie et la disparition du bébé. Il relate sa conversation avec la bonne qui jurait ne pas avoir fait tomber l'enfant et il s'étonne qu'elle disparaisse très vite le lendemain, après avoir été convoquée par la mère, Chrétienne Sauvage. Cette naïveté du regard de l'enfance est exhibée. Il ne comprend pas pourquoi Folasade ne bouge plus et pourquoi elle ne crie plus. De plus, il rappelle avoir entendu sa mère dire à son propos juste après la mort de sa sœur : « Mais qu'est-ce qu'il peut comprendre ? Qu'est-ce qu'il peut comprendre ? ». C'est après qu'il réalise que sa sœur n'est pas seulement partie, mais morte. La découverte de la mort est contemporaine de celle du changement et montre une évolution dans le développement de l'enfant, même si tout n'est pas bien saisi : « soudain tout se brisa en moi. Une force venue de nulle part me poussa contre le lit et je me mis à hurler. [...] Les larmes m'avaient envahi, je me sentais aspiré vers un lieu de malheur dont la cause et les limites demeuraient insaisissables. »

De même, le dramaturge nigérian raconte son initiation chez son grand-père, Père, au chapitre IX, et il indique qu'il ne comprend pas vraiment ce qui se passe et pourquoi il est ainsi blessé sur ordre de son grand-père. La description qu'il fait de l'initiation rituelle reprend le point de vue limité de l'enfant : « J'étais maintenant paralysé par la peur, mais cela n'empêchait pas mon cœur de battre follement. » ; tout paraît irréel : « Comme en rêve, je baissai les yeux et vis la même lame plonger dans le plat et sur ma cheville jusqu'à ce que la douleur ne fût plus dans ma chair qu'un trait ininterrompu. »

Mais, comme chez Jean-Jacques Rousseau, cet épisode d'initiation permet aussi au narrateur de présenter une dimension courageuse et résistante, et il montre qu'il a grandi et son aïeul le félicite, lui décernant ainsi une forme d'entrée symbolique dans le monde adulte : « Wole, tu as été fort. Tu t'es comporté comme un vrai Akin [homme]. »

C'est un peu plus loin dans le livre que le lecteur (surtout le lecteur européen qui ne connaît pas les coutumes africaines) réalise ce qui s'est vraiment passé. Quant au narrateur, il indique à la fin du chapitre qu'il a compris plus que ce qu'on veut bien croire : « tandis que je me levais, je me sentis sourire largement, car j'étais sûr que Père ne croyait pas que je le comprendrais ».

On observe également à travers la narration que l'enfant grandit et comprend mieux le monde qui l'entoure. La fin du livre, centrée sur la prise de conscience de la lutte des femmes contre les excès des autorités locales et la dénonciation des méfaits du colonialisme, illustre bien cette entrée progressive dans l'âge adulte. Les derniers mots de l'ouvrage sont tout à fait significatifs de ce mûrissement et de cette prise de conscience qui est en partie une réinterprétation rétrospective de l'auteur adulte : « Le moment était venu d'entreprendre les mutations mentales nécessaires pour accéder à un nouvel univers d'adultes irrationnels et à leur discipline. »

En effet, c'est Soyinka adulte qui peut indiquer ainsi à son lecteur cette découverte imminente du monde des adultes.

Partie 3

Conseils méthodologiques et exemples pour aborder les concours

Fiche 19

Méthodologie de la dissertation

La dissertation est un exercice que vous retrouverez dans tous vos concours. Il est donc indispensable que vous le maîtrisiez et que vous connaissiez les attentes du jury face à cet exercice canonique. Ce n'est pas l'occasion d'une expression personnelle mais un exercice scolaire d'argumentation qui doit respecter certaines règles. On ne doit pas juger les œuvres mais montrer comment elles s'adaptent plus ou moins aux sujets proposés. Plus vous montrerez que vous connaissez bien les œuvres, plus vous serez capable de développer des exemples fins et précis, plus votre copie sera appréciée.

Dans l'écrasante majorité des cas, les sujets se présentent sous la forme de citations (extraites des textes que vous aurez à résumer ou bien présentées indépendamment dans les épreuves de français sans résumé) plus ou moins longues que vous devez expliquer et discuter en les mettant en rapport avec les œuvres. Quel que soit le sujet, il est essentiel pour réussir l'exercice d'analyser les mots, les notions et leurs rapports.

Les deux sujets que nous allons examiner doivent donc vous permettre de comprendre comment procéder mais ne sont pas destinés à fournir des plans directement recyclables dans n'importe quel sujet, car il est essentiel de partir des mots de la citation pour problématiser, analyser et discuter. On ne peut pas réussir la dissertation en « plaquant » des corrigés ou des plans tout prêts.

1. Quelle problématique adopter ?

Vous devez obligatoirement axer votre réflexion sur une problématique mais elle ne doit pas paraître plaquée ou trop générale et peu adaptée à la singularité du sujet à traiter.

Une chose est certaine : il n'y a pas une liste de problématiques toutes prêtes qui pourraient être recyclées pour un sujet précis.

En effet, la problématique doit être tirée du sujet même (c'est ce qui pose problème dans la citation, ce qui paraît trop restrictif ou peu adapté aux œuvres dans leur détail) et naît parfois d'un apparent paradoxe soulevé par le sujet ou bien d'une vision polémique ou peu conforme à l'opinion commune (la citation choisie par les concepteurs de l'épreuve n'est jamais tenue pour évidente ou incontestable). Elle peut également venir de la difficile articulation de plusieurs thèses proposées par l'auteur ou du caractère parfois trop abstrait ou absolu du propos, peu adapté à la réalité concrète des œuvres qui amène donc à des nuances.

2. Quel plan adopter ?

C'est la question qui revient tout le temps mais il n'y a pas énormément de plans possibles. Il y en a deux en réalité.

On peut choisir un plan dialectique (thèse, antithèse, synthèse) ou bien un plan plus analytique, notamment quand la citation est longue et complexe (illustration du sujet en deux parties puis critique et prise de distance par rapport à la citation). Par ailleurs, certains concours autorisent le plan en deux parties, mais le plan tripartite reste majoritaire. Quel que soit le type de plan adopté, l'essentiel est de commencer par illustrer la citation, de montrer son adaptabilité aux œuvres pour ensuite nuancer et montrer que certains points sont contestables ou non adaptables aux œuvres. Il est important qu'il y ait un équilibre entre les grandes parties : il faut éviter de faire une troisième partie peu développée par rapport aux deux autres.

Le but n'est pas d'écraser la singularité de chaque œuvre mais au contraire de montrer les différences entre les trois textes via des comparaisons.

Rappelons aussi que la dissertation s'inscrit dans une épreuve de français et que la qualité de la langue et la correction de la rédaction sont des critères importants de l'évaluation. Vous n'êtes pas tenus de « faire du style » mais d'écrire clairement et distinctement, sans faute et sans confusion.

3. Les points essentiels de la rédaction de la dissertation

L'introduction : constituée d'un bloc, elle doit commencer par une phrase générale permettant d'amener la citation (évitez les phrases banales, toutes faites, ou les citations qui seraient peu adaptées au sujet à traiter), puis il faut citer intégralement le sujet (même si la citation est un peu longue, car si vous oubliez un morceau important du sujet, cela envoie un mauvais signal au correcteur). Ensuite vous devez reformuler le sujet en mettant en avant les concepts clés et vous devez le problématiser sous la forme d'une ou deux questions (il faut montrer que le sujet ne va pas de soi, mais pose problème notamment dans son application par rapport aux œuvres au programme) ; enfin, il faut énoncer le plan en une phrase articulée en trois temps.

Le développement : en début de chaque grande partie, faites une petite introduction qui annonce en une phrase les sous-parties. C'est l'affaire de quelques lignes et cela permet de guider le correcteur dans sa lecture. Entre chaque grande partie, il ne faut pas oublier de faire une phrase de transition qui appuie la logique de votre argumentation. N'oubliez pas non plus que chaque paragraphe commence par un alinéa, que chaque argument doit être corroboré par au moins un exemple. Développez l'élément général avant d'aborder les exemples. La dissertation ne doit pas dériver vers un catalogue d'exemples mal traités ou allusifs.

La conclusion : elle doit reprendre rapidement les grandes étapes de votre réflexion. Il n'est pas requis de faire une ouverture à la fin de ce passage. Il peut être utile de la rédiger au brouillon juste après l'introduction pour assurer la cohérence de l'ensemble du devoir.

Fiche 20

Sujet court de dissertation

Le poète romantique allemand Novalis écrit à la fin du dix-huitième siècle : « Où est l'enfance est l'âge d'or. »
En quoi cette réflexion éclaire-t-elle votre lecture des livres I et II de *l'Émile* de Jean-Jacques Rousseau, des *Contes* d'Hans Christian Andersen et d'*Aké les années d'enfance* de Wole Soyinka ?

Analyse du sujet

On a affaire ici à une citation courte, très claire. On pourra donc utiliser un plan dialectique car l'illustration du propos de Novalis tiendra facilement en une seule partie.

Novalis est un poète romantique allemand, né en 1772 et mort très jeune en 1801. Comme beaucoup d'auteurs de sa génération, il a été marqué par l'œuvre de Rousseau, initiateur d'une forme de pré-romantisme par l'importance qu'il donne au sentiment de la nature.

Le ton de la citation est catégorique, l'auteur pose une thèse de manière vigoureuse et entière en la formulant comme une maxime, s'appuyant sur le verbe être désignant une essence et sur le présent de vérité générale : on pourra donc se demander légitimement s'il ne convient pas de nuancer cette affirmation. Il y a peut-être plusieurs types d'enfance et pas « l' » enfance universelle.

La notion centrale de la citation est celle d'« âge d'or » : cela renvoie à un mythe grec raconté par le poète Hésiode (huitième siècle avant Jésus Christ) dans *Les travaux et les jours*, et repris et modifié ensuite par d'autres auteurs comme le poète latin Ovide (premier siècle avant Jésus Christ). Les Grecs pensaient qu'au début du monde, sous le règne de Chronos, il y avait l'âge d'or, une période bienheureuse sans souffrance, faite d'harmonie universelle avec un printemps perpétuel et une mort très douce par extinction sans douleur, puis il y a une dégradation progressive avec l'âge d'argent (au moment où Zeus remplace son père Chronos) puis l'âge d'airain et l'âge de fer qui est le pire moment où tout est en discorde, où il y a de la souffrance, de l'injustice, des guerres, des conflits et la mort souvent violente ou injuste. Pour les Grecs, nous vivons à l'âge de fer et regrettons la période initiale. Dans le mythe d'Hésiode, l'âge d'or est amené à revenir (ce qui suscite un certain espoir) car les Grecs ont une conception du temps cyclique.

L'expression d'âge d'or s'est ensuite banalisée et en est venue à désigner un moment paradisiaque, parfait, très éloigné dans le temps.

Pour traiter ce sujet, on pourra s'appuyer sur des éléments vus dans les fiches précédentes, notamment celles sur « Le temps de l'enfance », « La nostalgie de l'enfance », « La magie de l'enfance ». Vous y trouverez de nombreuses citations adaptées au sujet.

Problématique : Voir dans l'enfance l'âge d'or de manière systématique et universelle, n'est-ce pas s'illusionner et se laisser prendre par un regard nostalgique et biaisé que nous portons sur l'enfance, en tant qu'adulte ?

Plan détaillé

I. L'enfance peut bel et bien être assimilée à un âge d'or

A) L'enfance est un moment d'innocence et de pureté

- Jean-Jacques Rousseau : pour le philosophe, l'enfant est pur et entièrement bon quand il naît. Il faut préserver cette innocence le plus longtemps possible tout au long de l'enfance. L'enfant n'est jamais méchant volontairement, mais uniquement par faiblesse et par ignorance pour Rousseau.

- Hans Christian Andersen : le conteur montre souvent des enfants innocents et purs dans ses histoires, comme on peut le voir à la fin de « La cloche » ou quand il décrit le jeune Rasmus, enfant gai et plein de vie, dans « Ce que racontait la vieille Johanne ».
- Wole Soyinka : le jeune Wole est présenté comme un bon garçon, qui évolue au sein d'un cadre naturel enchanteur. Dans le premier chapitre, le Verger est rapproché de manière explicite du jardin d'Éden par les enfants. Il ne comprend pas toujours ce qui est mal, il croit voir des apparitions fantomatiques dans les jardins de l'Évêché.

B) L'enfance est un moment de sérénité et d'harmonie entre les êtres

- Jean-Jacques Rousseau : Émile doit vivre en harmonie avec la nature, il cultive un jardin, fait des promenades dans la campagne où il voit toutes sortes d'animaux même ceux qui pourraient lui paraître laids ; de plus, il n'a pas de contact avec autrui, ce qui permet de préserver sa pureté. La fin du livre II permet de donner un portrait idyllique d'Émile vivant au sein de la nature et heureux de profiter de son existence.
- Hans Christian Andersen : le conteur multiplie les scènes de bonheur familial même dans des familles pauvres, comme dans « Les bougies » ou « L'invalide ». Rien ne menace la belle entente entre tous et il n'y a pratiquement jamais de dissensions au sein des familles. Le rapport à la nature est très paisible, comme le montre la fin de « La cloche ».
- Wole Soyinka : le jeune Wole s'entend bien avec ses proches et il n'y a pas de haine ou de rancœur, même lorsqu'il se bat avec Dipo (il semble inconscient) et se chamaille avec ses sœurs. Il n'est jamais puni outremesure. Il vit aussi en harmonie avec la nature d'Aké mais aussi d'Isara.

C) L'enfance est un moment paradisiaque où le temps est comme suspendu

- Jean-Jacques Rousseau : l'enfance est un temps béni qu'il faut essayer de préserver en tenant l'enfant à l'écart des tentations et du mal. Tout ce qui se fait dans une éducation traditionnelle doit être retardé au maximum pour Rousseau : pas de livre, pas d'apprentissages abstraits. Rousseau veut consacrer le « temps de l'enfance ».

- Hans Christian Andersen : le conteur danois présente l'enfance comme une période où le temps ne compte pas vraiment (du moins avant les environs de quinze ans). Il dépeint souvent des scènes de famille parfaitement harmonieuses comme dans « Les bougies », « Le bonhomme de neige » et « La reine des neiges » où les enfants sont auprès de la grand-mère (au début et à la fin du conte).
- Wole Soyinka : au début d'*Aké les années d'enfance*, le jeune garçon n'a pas conscience du temps et du changement. Il ne le découvrira qu'à l'occasion de la mort de sa petite sœur Folasade. Il vit donc ses premières années dans un temps non marqué (l'histoire intervient tardivement en filigrane avec le début de la seconde guerre mondiale quand l'enfant entend parler d'Hitler) mais aussi dans un monde merveilleux où il y a des esprits dans les bois, des sorcières au marché…

II. L'enfance n'est pas toujours un âge d'or pour tous et en tout lieu

A) Certains enfants peuvent vivre dans une forme d'âge de fer

- Jean-Jacques Rousseau : dans l'éducation traditionnelle, le moment de l'enfance peut devenir une période malheureuse si les précepteurs ne laissent pas l'enfant profiter de sa jeunesse et essaient de le transformer trop vite en adulte. Certains enfants deviennent des tyrans capricieux et souffriront toute leur vie parce qu'ils ont été mal éduqués.
- Hans Christian Andersen : la petite marchande d'allumettes vit dans la misère et meurt de froid dans la rue. Pour elle, l'enfance n'est pas vraiment un âge d'or. L'enfance du vilain petit canard n'est pas non plus facile car il est rejeté par tous avant de rencontrer enfin des cygnes qui l'adopteront volontiers.
- Wole Soyinka : certains enfants sont abandonnés par leurs parents (heureusement, Chrétienne Sauvage en recueille quelques-uns).

B) Les enfants n'ont pas forcément conscience de vivre dans un âge d'or et cherchent souvent à sortir de l'enfance

- Jean-Jacques Rousseau : Émile n'a pas conscience de vivre dans un paradis car il ne connaît rien d'autre, c'est le philosophe qui insiste sur son bonheur au présent. On n'a jamais accès à son propre point de vue dans les deux premiers livres, car il est un pur cobaye pour les expérimentations du philosophe.

- Hans Christian Andersen : de nombreux personnages enfantins d'Andersen veulent sortir de l'enfance : la petite sirène attend avec impatience ses quinze ans, le crapaud veut très vite quitter son puits pour découvrir le monde.
- Wole Soyinka : le jeune Wole veut aller à l'école, attend avec impatience ses trois ans, et n'a pas conscience de vivre dans un paradis car il est enfermé dans le présent.

C) La mort peut rôder et le mal peut menacer l'enfant : l'âge d'or est donc bien fragile

- Jean-Jacques Rousseau : à la fin du livre II, le philosophe évoque la possibilité d'une mort prématurée de l'enfant (n'oublions pas l'importance de la mortalité infantile à l'époque) et explique que c'est pour cette raison qu'il faut laisser l'enfant profiter pleinement de sa jeunesse. Il explique également que l'enfant doit apprendre à souffrir, car il fait peu confiance à la médecine, et qu'il doit s'endurcir au contact de la nature, quitte à se blesser parfois.
- Hans Christian Andersen : beaucoup de jeunes personnages finissent mal dans les contes, comme le crapaud tué en pleine jeunesse ou bien la petite sirène. On peut se demander si la reine des neiges n'est pas une figure maléfique qui prive l'enfant de sa vie heureuse en le retenant prisonnier dans son palais glacé.
- Wole Soyinka : le jeune garçon raconte comment il a compris ce qu'était la mort quand Folasade est tombée malade et a succombé. De même, il évoque l'ombre de la mort quand son père Essay semble malade et près de mourir.

III. Si l'enfance peut apparaître comme âge d'or, c'est à cause du regard biaisé et nostalgique que nous portons sur elle

A) L'enfance n'est un âge d'or que pour des adultes qui se souviennent de leur propre jeunesse

- Jean-Jacques Rousseau : le penseur rappelle qu'il vieillit et qu'il a plaisir à se remémorer son enfance lorsqu'il évoque avec nostalgie l'épisode où il a dû affronter sa peur du noir lorsqu'il était en pension chez M. Lambercier.

- Hans Christian Andersen : dans certains contes à dimension autobiographique, le conteur danois a tendance à idéaliser la période de l'enfance (souvenons-nous qu'il a commencé son autobiographie en écrivant que sa « vie était un beau conte »). C'est le cas dans « L'invalide » où le jeune Hans, infirme mais non malheureux au sein de sa famille pauvre mais très harmonieuse, avance dans la société grâce aux livres, à ses études et à l'aide de généreux protecteurs… comme Hans Christian Andersen lui-même.
- Wole Soyinka : l'écrivain nigérian rappelle l'Aké de son enfance avec nostalgie et regrette l'ancien temps de son enfance, notamment en début des chapitres I, II, V, au commencement de son ouvrage, quand il raconte ses toutes premières années.

B) L'âge d'or est le fruit d'une idéalisation par l'écriture et on peut l'apprécier sans y croire vraiment (comme un mythe)

- Jean-Jacques Rousseau : on peut être charmé par le portrait idyllique d'Émile à la fin du livre II sans pour autant croire que cela s'appliquera vraiment à tous les enfants, même s'ils sont éduqués suivant les principes rousseauistes. Après tout, nous n'avons que le point de vue de Jean-Jacques Rousseau, l'éducateur, et non de l'éduqué lui-même.
- Hans Christian Andersen : l'enfance est fatalement idéalisée car Andersen s'adresse à des enfants. Les enfants peuvent croire à ce monde magique où les fleurs dansent, où les animaux parlent, où les garçons se transforment en cygnes, où les petits enfants peuvent partir à la recherche l'un de l'autre sans jamais se perdre définitivement. En revanche, l'adulte qui lit et relit les contes peut y prendre goût sans y croire, en cherchant à interpréter cela symboliquement.
- Wole Soyinka : à la toute fin du quinzième chapitre, l'auteur nigérian annonce la fin de l'âge d'or enfantin et l'entrée dans le monde complexe des adultes, montrant la distance entre sa pensée d'adulte et le souvenir d'enfance.

C) L'âge d'or de l'enfance est surtout un mythe et un idéal pour séduire le lecteur

- Jean-Jacques Rousseau : le philosophe en appelle souvent aux lecteurs pour leur demander de ne pas détruire la joie de l'enfance et les amène à se souvenir de leur propre enfance. Cela crée un effet de sympathie et peut mieux convaincre le lecteur.

- Hans Christian Andersen : le conteur danois s'adresse à ses lecteurs, adultes et enfants, et veut leur faire plaisir. Il rêve d'une situation où il y aurait une réunion entre l'adulte et l'enfant dans un même plaisir lié au conte et au retour de l'enfance, comme il le met en avant à la fin du récit « Le bonheur peut se trouver dans un bout de bois » ou bien à la page 347.

Fiche 21

Sujet long de dissertation

En 1580, Michel de Montaigne, célèbre écrivain et philosophe humaniste, écrit dans le chapitre « De l'institution des enfants » de ses *Essais* :
« je ne veux pas qu'on emprisonne ce garçon. Je ne veux pas qu'on le livre à l'humeur mélancolique et colérique d'un maître à l'esprit dérangé. Je ne veux pas corrompre son esprit en le soumettant à la torture et au travail, comme les autres [...] Je ne veux pas non plus que les bonnes dispositions de l'enfant se trouvent gâtées par la grossièreté et la brutalité des autres. [...] Pour notre élève, une chambre, un jardin, une table, un lit, le matin et le soir, [...] à toute heure, en tout lieu, comme salle d'étude. Car la philosophie, qui sera son principal objet d'étude, en tant qu'elle forme le jugement et le caractère, a cet avantage de pouvoir s'introduire partout. » (orthographe modernisée).
En quoi cette réflexion éclaire-t-elle votre lecture des livres I et II de l'*Émile* de Jean-Jacques Rousseau, des *Contes* d'Hans Christian Andersen et d'*Aké les années d'enfance* de Wole Soyinka ?

Analyse du sujet

La citation de Montaigne est très longue et aborde de nombreux éléments que l'on pourra facilement illustrer, notamment grâce à l'œuvre de Rousseau qui s'intéresse principalement à l'éducation de l'enfant.

Montaigne est un illustre penseur humaniste qui a profité d'une très bonne éducation à la Renaissance (son père, soucieux de bien faire, a suivi les principes des premiers humanistes comme Rabelais qui ont beaucoup réfléchi à la question de la formation des jeunes gens). Dans

« De l'institution des enfants », il propose des conseils qui sont souvent à l'opposé de ce qui se pratique de son temps et visent à garantir l'épanouissement de l'enfant, ne cherchant pas seulement à en faire un savant.

Rousseau s'est d'ailleurs inspiré des conseils de cet auteur mentionné assez favorablement dans l'*Émile*.

Que peut-on retirer de cette longue citation, assez riche ? Il faut faire bien attention aux expressions employées par Montaigne et il est bon de « coller » à la citation pour bien l'illustrer, ce qui peut se faire en deux parties. On utilisera donc ici plutôt un plan analytique avec deux parties d'illustration et une partie de contestation et de nuances.

- Ton de la citation : Montaigne emploie la première personne, donne son avis personnel et exprime des souhaits forts et des préférences. Il n'assène pas directement une thèse mais explique surtout ce qu'il refuse pour l'éducation de l'enfant. Si ses conseils paraissent a priori plutôt pertinents et valables, on pourra néanmoins s'interroger sur la faisabilité de ce qu'il propose et sur l'efficacité de la méthode.
- Structure de la citation : Montaigne commence par dire ce qu'il refuse avec une anaphore qui martèle son propos « je ne veux pas » et permet une plus grande persuasion du lecteur. Après ces quatre refus (refus de l'enfermement et donc promotion de la liberté et de l'ouverture d'esprit, refus du pédagogue « dérangé », refus du travail scolaire forcené et excessif, et enfin, refus d'un contact corrupteur avec autrui), Montaigne, un peu plus loin dans son chapitre, propose une méthode d'apprentissage reposant sur la simplicité, la modestie et l'apprentissage de la philosophie. Le sujet renvoie à l'instruction de l'enfant mais va plus loin car il ne s'agit pas seulement d'apprentissage scolaire mais aussi d'éveil à la vie.
- Remarques sur le sujet : si cette citation correspond assez bien à la pensée rousseauiste, la comparaison avec le livre de Soyinka pourra se faire également, mais les contes d'Andersen risquent d'être plus difficiles à intégrer au sujet car il y a peu de situations d'éducation décrites chez le conteur danois. Pour traiter ce sujet qui on pourra se référer à la fiche « comment éduquer l'enfant ? » mais aussi à celles sur « le temps de l'enfance » et « l'enfant et ses parents ».

Problématique : L'éducation idéale prônée par Montaigne est-elle réellement applicable dans la vie réelle ? Est-elle vraiment souhaitable également ?

Plan détaillé

I. Ce qu'il faut éviter pour l'enfant

A) Le refus des précepteurs habituels trop sévères et peu ouverts

- Jean-Jacques Rousseau : le philosophe condamne vivement les méthodes des précepteurs de son temps, qu'il assimile à des barbares et à des bourreaux d'enfants : « Que faut-il donc penser de cette éducation barbare qui sacrifie le présent à un avenir incertain, qui charge un enfant de chaînes de toute espèce, et commence par le rendre misérable, pour lui préparer au loin je ne sais quel prétendu bonheur dont il est à croire qu'il ne jouira jamais ? »
- Hans Christian Andersen : Il n'y a pas de figure de professeur dans les contes du recueil mais on trouve un vieux conseiller grincheux dans « Les fleurs de la petite Ida » qui représente une vision traditionnelle et rigide de l'éducation.
- Wole Soyinka : l'auteur nigérian se moque de certains professeurs peu compétents et trop faibles comme Wèé-Wèé.

B) Le refus de l'apprentissage abstrait trop contraignant

- Jean-Jacques Rousseau : pour l'auteur de l'*Émile*, il ne faut pas apprendre des choses abstraites à l'enfant car c'est trop lui demander. C'est pour cela qu'il renvoie la lecture et la géométrie à plus tard. Il préconise une éducation pratique, un apprentissage de ce qui peut sembler utile à l'enfant, et les aspects les plus scolaires et livresques sont refusés.
- Hans Christian Andersen : les seuls enfants apprenant dans les contes le font avec un certain plaisir et non sous la contrainte, comme le jeune Hans de « L'invalide ».
- Wole Soyinka : c'est de lui-même que le jeune Wole se présente à l'école avant même d'avoir l'âge d'y venir et on lui dit qu'il peut s'y rendre quand il veut.

C) Le refus de la corruption de l'élève par autrui

- Jean-Jacques Rousseau : le philosophe insiste sur la nécessité que le précepteur soit le seul à avoir un contact avec l'enfant. Les parents sont exclus, de même que les petits camarades et les valets qui pourraient corrompre le jeune garçon.
- Hans Christian Andersen : Andersen n'aborde pas cet aspect.
- Wole Soyinka : Soyinka n'est pas aussi catégorique que Rousseau car il a eu de nombreux camarades ainsi que des frères et sœurs, tout comme des amis à l'école puis au lycée d'Abekuota. Mais il y a aussi de nombreux moments où le jeune garçon s'isole près de son rocher Jonas pour lire et rêver.

II. L'éducation idéale selon Montaigne

A) L'éducation libre et ouverte contre « l'enfermement » mental de l'enfant

- Jean-Jacques Rousseau : le penseur propose une éducation plus ouverte et libre qui n'enferme pas l'enfant, mais fait appel à lui et le rend autonome : « Notre manie enseignante et pédantesque est toujours d'apprendre aux enfants ce qu'ils apprendraient beaucoup mieux d'eux-mêmes, et d'oublier ce que nous aurions pu seuls leur enseigner. »
- Hans Christian Andersen : dans les contes d'Andersen, ce sont souvent les mères ou les grands-mères qui éduquent leurs enfants avec bienveillance et sans restreindre leur liberté : la mère de Jorgen dans « Une histoire des dunes » le laisse partir ; la petite sirène évolue librement, tout comme le petit crapaud.
- Wole Soyinka : à la fin du livre, le jeune Wole voit d'un bon œil les méthodes éducatives plus souples et moins violentes du Lycée National et tient tête à Daodu qui est partisan de l'éducation traditionnelle à la dure.

B) L'apprentissage au sein de la nature, dans un « jardin »

- Jean-Jacques Rousseau : le philosophe recommande d'élever Émile à la campagne, loin de la corruption des villes. L'air y est meilleur, la nourriture plus saine, la vie plus simple. À la fin du livre II, Rousseau présente le jeune Émile heureux, jouant en plein air, apprenant aussi au contact de la nature, alors que Montaigne préconise « un jardin ». Il faut également suivre en tout point la nature d'après Rousseau.

- Hans Christian Andersen : la nature est souvent bien vue dans les contes et son contact permet une élévation spirituelle de l'enfant comme à la fin de « La cloche » ou de « La reine des neiges ».
- Wole Soyinka : le jeune garçon passe ses premières années au sein d'une belle nature, comme le montre l'évocation paradisiaque du Verger au premier chapitre, ainsi que le jardin d'Essay, où Wole aime aller aussi. La nature est également une occasion d'apprendre pour l'enfant, notamment quand il se trouve à Isara, où il chasse un serpent et cultive le potager de son père.

C) L'éveil à la pensée (la philosophie au sens large)

- Jean-Jacques Rousseau : alors que Montaigne propose de former l'enfant à la philosophie qui peut s'apprendre en tout lieu, Rousseau ne propose pas d'apprentissage de la philosophie en tant que telle mais pousse l'enfant à faire preuve de philosophie, au sens d'un certain art de vivre basé sur le goût du présent, dans la lignée des penseurs épicuriens et de Montaigne lui-même. L'éducation doit former un homme et à terme un citoyen libre et heureux.
- Hans Christian Andersen : on n'apprend pas la philosophie aux enfants chez Andersen mais on leur apprend à élever leur âme et à rendre grâce à Dieu de la vie, comme l'indiquent la fin de « La reine des neiges » et celle de « L'invalide ».
- Wole Soyinka : à la fin du livre, le jeune garçon est invité à réfléchir à des questions importantes comme l'injustice à l'égard des femmes, le colonialisme. Il y a une vraie invitation à la pensée, même si ce n'est pas un apprentissage de la philosophie *stricto sensu.*

III. Les limites de cette éducation idéale

A) L'apport d'autrui est essentiel et peut faire grandir l'enfant

- Jean-Jacques Rousseau : en privant le jeune élève de tout contact avec autrui, le philosophe ne rend pas forcément service à Émile qui ne connaît de la vie que le gentil jardinier et son précepteur. D'une certaine manière, il est « enfermé » car il ne peut pas développer de vraie relation avec ses semblables.
- Hans Christian Andersen : les enfants apprennent mieux quand ils sont en contact et ils sont plus heureux quand ils sont dans des familles aimantes. Le vilain petit canard, incompris et moqué, souffre de sa

solitude et de son enfermement symbolique. À la fin de « La cloche », le petit communiant devient l'ami du fils du roi.

- Wole Soyinka : l'auteur nigérian représente ses relations avec les autres enfants comme plutôt bonnes et heureuses, même s'il y a parfois des brouilles avec Dipo ou ses sœurs. Il a une grande admiration pour quelques amis et camarades qui vont le pousser à évoluer, comme Iku qui l'impressionne vivement au lycée d'Abekuota. Il ne se présente jamais comme corrompu par autrui, bien au contraire. Il va même assister les femmes dans leur combat à la fin de l'ouvrage.

B) L'école de la vie plutôt que l'apprentissage scolaire ou livresque

- Jean-Jacques Rousseau : Rousseau fait l'apologie de l'expérimentation pratique pour éduquer l'enfant par opposition au livresque mais il retarde au maximum l'entrée de l'enfant dans le monde réel, avec ses tensions et ses défauts. La perspective utopique présente donc une certaine limite si on admet que les vrais enfants ne pourront pas rester comme Émile en permanence hors du monde.
- Hans Christian Andersen : c'est bien au contact du monde réel que les enfants font leur apprentissage tout seuls, comme le petit crapaud, la petite sirène, ou bien, moins tragiquement, le jeune Jorgen dans « Une histoire des dunes ».
- Wole Soyinka : l'écrivain africain montre bien qu'il faut sortir du monde de l'école et son grand-père lui conseille de quitter ses livres (« Le monde est plus vaste que le monde des chrétiens, ou que le monde des livres. »). La fin de l'ouvrage annonce la prochaine découverte du monde réel avec ses difficultés et ses contradictions.

C) La vraie liberté n'exclut pas certaines règles car l'autonomie de l'enfant n'est pas immédiate

- Jean-Jacques Rousseau : Rousseau ne cesse de mettre en avant la liberté mais il demande au gouverneur de bien suivre l'enfant en tout point et on voit mal comment il pourrait vraiment être libre. De plus, Rousseau parle souvent de « liberté bien réglée » pour concilier liberté et autorité.
- Hans Christian Andersen : les enfants ne sont jamais amenés à se rebeller ou à soupçonner l'autorité de la famille, de Dieu ou de la société. Andersen rappelle souvent les enfants à la règle et à l'obéissance dans de nombreux contes sanctionnant l'imprudence ou

l'outrecuidance de certains jeunes gens comme le crapaud ou le vaillant petit soldat.

- Wole Soyinka : l'écrivain nigérian montre bien qu'il a été élevé suivant des principes stricts à la fois par sa mère mais aussi par son père et Daodu, le proviseur qui achève son éducation. Il ne leur tient aucunement rigueur des différents coups reçus et reconnaît qu'en grandissant, il fait moins de bêtises et reçoit donc moins de punitions, ce qui laisse entrevoir un certain succès de son éducation.

Fiche 22

300 citations importantes issues des œuvres au programme

1. Jean-Jacques Rousseau

Préface

- « Proposez ce qui est faisable, ne cesse-t-on de me répéter. [...] Pères et mères, ce qui faisable est ce que vous voulez faire. Dois-je répondre de votre volonté ? »

Livre I

- « Tout est bien sortant des mains de l'Auteur des choses, tout dégénère entre les mains de l'homme. »
- « On façonne les plantes par la culture, et les hommes par l'éducation. »
- « Tout ce que nous n'avons pas à notre naissance et dont nous avons besoin étant grands, nous est donné par l'éducation. »
- « L'éducation n'est certainement qu'une habitude. Or, n'y a-t-il pas des gens qui oublient et perdent leur éducation, d'autres qui la gardent ? D'où vient cette différence ? »
- « Pour former cet homme rare, qu'avons-nous à faire. Beaucoup sans doute : c'est d'empêcher que rien ne soit fait. »
- « On ne songe qu'à conserver son enfant ; ce n'est pas assez ; on doit lui apprendre à se conserver étant homme, à supporter les coups du

sort, à braver l'opulence et la misère, à vivre, s'il le faut, dans les glaces d'Islande ou sur le brûlant rocher de Malte. »

- « L'inaction, la contrainte où l'on retient les membres d'un enfant, ne peuvent que gêner la circulation du sang, des humeurs, empêcher l'enfant de se fortifier, de croître, et altérer sa constitution. »
- « Depuis que les mères, méprisant leur premier devoir, n'ont plus voulu nourrir leurs enfants, il a fallu les confier à des femmes mercenaires, qui, se trouvant ainsi mères d'enfants étrangers pour qui la nature ne leur disait rien, n'ont cherché qu'à s'épargner de la peine. »
- « Celle qui nourrit l'enfant d'une autre au lieu du sien est une mauvaise mère : comment sera-t-elle une bonne nourrice ? »
- « Voulez-vous rendre chacun à ses premiers devoirs ? Commencez par les mères ; vous serez étonné des changements que vous produirez. Tout vient successivement de cette première dépravation : tout l'ordre moral s'altère ; le naturel s'éteint dans tous les cœurs ; l'intérieur des maisons prend un air moins vivant ; le spectacle touchant d'une famille naissante n'attache plus les maris, n'impose plus d'égards aux étrangers ; on respecte moins la mère dont on ne voit pas les enfants ; il n'y a point de résidence dans les familles ; l'habitude ne renforce plus les liens du sang ; il n'y a plus ni pères ni mères, ni enfants, ni frères, ni sœurs ; tous se connaissent à peine ; comment s'aimeraient-ils ? Chacun ne songe plus qu'à soi. »
- « Mais que les mères daignent nourrir leurs enfants, les mœurs vont se réformer d'elles-mêmes, les sentiments de la nature se réveiller dans tous les cœurs ; l'État va se repeupler : ce premier point, ce point seul va tout réunir. »
- « Point de mère, point d'enfant. Entre eux, les devoirs sont réciproques ; et s'ils sont mal remplis d'un côté, ils seront négligés de l'autre. »
- « Observez la nature, et suivez la route qu'elle vous trace. Elle exerce continuellement les enfants ; elle endurcit leur tempérament par des épreuves de toute espèce ; elle leur apprend de bonne heure ce que c'est que peine et douleur. »
- « Endurcissez leurs corps aux intempéries des saisons, des climats, des éléments, à la faim, à la soif, à la fatigue ; trempez-les dans l'eau du Styx. »

- « En naissant, un enfant crie ; sa première enfance se passe à pleurer. Tantôt on l'agite, on le flatte pour l'apaiser ; tantôt on le menace, on le bat pour le faire taire. »
- « Avant de savoir parler il commande, avant de pouvoir agir il obéit ; et quelquefois on le châtie avant qu'il puisse connaître ses fautes, ou plutôt en commettre. C'est ainsi qu'on verse de bonne heure dans son jeune cœur les passions qu'on impute ensuite à la nature, et qu'après avoir pris peine à le rendre méchant, on se plaint de le trouver tel. »
- « Voulez-vous donc qu'il garde sa forme originelle, conservez-la dès l'instant qu'il vient au monde. Sitôt qu'il naît, emparez-vous de lui, et ne le quittez plus qu'il ne soit homme : vous ne réussirez jamais sans cela. Comme la véritable nourrice est la mère, le véritable précepteur est le père. »
- « Un père, quand il engendre et nourrit des enfants, ne fait en cela que le tiers de sa tâche. Il doit des hommes à son espèce, il doit à la société des hommes sociables ; il doit des citoyens à l'État. Tout homme qui peut payer cette triple dette et ne le fait pas est coupable, et plus coupable peut-être quand il la paye à demi. Celui qui ne peut remplir les devoirs de père n'a point le droit de le devenir. Il n'y a ni pauvreté, ni travaux, ni respect humain, qui le dispensent de nourrir ses enfants et de les élever lui-même. Lecteurs, vous pouvez m'en croire. »
- « Un gouverneur ! ô quelle âme sublime !... En vérité, pour faire un homme, il faut être ou père ou plus qu'homme soi-même. Voilà la fonction que vous confiez tranquillement à des mercenaires. »
- « Comment se peut-il qu'un enfant soit bien élevé par qui n'a pas été bien élevé lui-même ? Ce rare mortel est-il introuvable ? Je l'ignore. »
- « Je suis trop pénétré de la grandeur des devoirs d'un précepteur, et je sens trop mon incapacité, pour accepter jamais un pareil emploi de quelque part qu'il me soit offert ; et l'intérêt de l'amitié même ne serait pour moi qu'un nouveau motif de refus. Je crois qu'après avoir lu ce livre, peu de gens seront tentés de me faire cette offre ; et je prie ceux qui pourraient l'être, de n'en plus prendre l'inutile peine. J'ai fait autrefois un suffisant essai de ce métier pour être assuré que je n'y suis pas propre, et mon état m'en dispenserait, quand mes talents m'en rendraient capable. J'ai cru devoir cette déclaration publique à ceux qui paraissent ne pas m'accorder assez d'estime pour me croire sincère et fondé dans mes résolutions. »

- « J'ai donc pris le parti de me donner un élève imaginaire, de me supposer l'âge, la santé, les connaissances et tous les talents convenables pour travailler à son éducation, de la conduire depuis le moment de sa naissance jusqu'à celui où, devenu homme fait, il n'aura plus besoin d'autre guide que lui-même. Cette méthode me paraît utile pour empêcher un auteur qui se défie de lui de s'égarer dans des visions ; car, dès qu'il s'écarte de la pratique ordinaire, il n'a qu'à faire l'épreuve de la sienne sur son élève, il sentira bientôt, ou le lecteur sentira pour lui, s'il suit le progrès de l'enfance et la marche naturelle au cœur humain. »
- « Mais à mesure que j'avance, mon élève, autrement conduit que les vôtres, n'est plus un enfant ordinaire ; il lui faut un régime exprès pour lui. »
- « Je ne parle point ici des qualités d'un bon gouverneur ; je les suppose, et je me suppose moi-même doué de toutes ces qualités. »
- « Je remarquerai seulement, contre l'opinion commune, que le gouverneur d'un enfant doit être jeune, et même aussi jeune que peut l'être un homme sage. Je voudrais qu'il fût lui-même enfant, s'il était possible, qu'il pût devenir le compagnon de son élève, et s'attirer sa confiance en partageant ses amusements. »
- « S'il faut choisir avec tant de soin le gouverneur, il lui est bien permis de choisir aussi son élève, surtout quand il s'agit d'un modèle à proposer. »
- « Le pauvre n'a pas besoin d'éducation ; celle de son état est forcée, il n'en saurait avoir d'autre ; au contraire, l'éducation que le riche reçoit de son état est celle qui lui convient le moins et pour lui-même et pour la société. »
- « D'ailleurs l'éducation naturelle doit rendre un homme propre à toutes les conditions humaines ; or il est moins raisonnable d'élever un pauvre pour être riche qu'un riche pour être pauvre. »
- « Émile est orphelin. Il n'importe qu'il ait son père et sa mère. Chargé de leurs devoirs, je succède à tous leurs droits. Il doit honorer ses parents, mais il ne doit obéir qu'à moi. C'est ma première ou plutôt ma seule condition. »
- « vivre est le métier que je veux lui apprendre. En sortant de mes mains, il ne sera, j'en conviens, ni magistrat, ni soldat, ni prêtre ; il sera premièrement homme. »

- « Je ne me chargerais pas d'un enfant maladif et cacochyme, dût-il vivre quatre-vingts ans. Je ne veux point d'un élève toujours inutile à lui-même et aux autres, qui s'occupe uniquement à se conserver, et dont le corps nuise à l'éducation de l'âme. »
- « Faute de savoir se guérir, que l'enfant sache être malade. »
- « Il faudrait une nourrice aussi saine de cœur que de corps. »
- « Le choix de la nourrice importe d'autant plus que son nourrisson ne doit point avoir d'autre gouvernante qu'elle, comme il ne doit point avoir d'autre précepteur que son gouverneur. »
- « Les villes sont le gouffre de l'espèce humaine. Au bout de quelques générations les races périssent ou dégénèrent ; il faut les renouveler, et c'est toujours la campagne qui fournit à ce renouvellement. Envoyez donc vos enfants se renouveler, pour ainsi dire, eux-mêmes, et reprendre, au milieu des champs, la vigueur qu'on perd dans l'air malsain des lieux trop peuplés. »
- « Je le répète, l'éducation de l'homme commence à sa naissance ; avant de parler, avant que d'entendre, il s'instruit déjà. L'expérience prévient les leçons ; au moment qu'il connaît sa nourrice, il a déjà beaucoup acquis. »
- « La seule habitude qu'on doit laisser prendre à l'enfant est de n'en contracter aucune ; qu'on ne le porte pas plus sur un bras que sur l'autre ; qu'on ne l'accoutume pas à présenter une main plutôt que l'autre, à s'en servir plus souvent, à vouloir manger, dormir, agir aux mêmes heures, à ne pouvoir rester seul ni nuit ni jour. Préparez de loin le règne de sa liberté et l'usage de ses forces, en laissant à son corps l'habitude naturelle, en le mettant en état d'être toujours maître de lui-même, et de faire en toute chose sa volonté, sitôt qu'il en aura une. »
- « Pourquoi donc l'éducation d'un enfant ne commencerait-elle pas avant qu'il parle et qu'il entende puisque le seul choix des objets qu'on lui présente est propre à le rendre timide ou courageux ? Je veux qu'on l'habitue à voir des objets nouveaux, des animaux laids, dégoûtants, bizarres, mais peu à peu, de loin, jusqu'à ce qu'il y soit accoutumé, et qu'à force de les voir manier à d'autres, il les manie enfin lui-même. »
- « Tant que les enfants ne trouveront de résistance que dans les choses et jamais dans les volontés, ils ne deviendront ni mutins ni colères, et se conserveront mieux en santé. »

- « Un enfant veut déranger tout ce qu'il voit : il casse, il brise tout ce qu'il peut atteindre ; il empoigne un oiseau comme il empoignerait une pierre, et l'étouffe sans savoir ce qu'il fait. »
- « Toute méchanceté vient de faiblesse : l'enfant n'est méchant que parce qu'il est faible ; rendez-le fort, il sera bon. »
- « Voilà comment ils deviennent incommodes, tyrans, impérieux, méchants, indomptables ; progrès qui ne vient pas d'un esprit naturel de domination, mais qui le leur donne ; car il ne faut pas une longue expérience pour sentir combien il est agréable d'agir par les mains d'autrui, et de n'avoir besoin que de remuer la langue pour faire mouvoir l'univers. »
- « L'esprit de ces règles est d'accorder aux enfants plus de liberté véritable et moins d'empire, de leur laisser plus faire par eux-mêmes et moins exiger d'autrui. »
- « Moins contrariés dans leurs mouvements, les enfants pleureront moins ; moins importuné de leurs pleurs, on se tourmentera moins pour les faire taire ; menacés ou flattés moins souvent, ils seront moins craintifs ou moins opiniâtres, et resteront mieux dans leur état naturel. »
- « Les enfants qu'on presse trop de parler n'ont le temps ni d'apprendre à bien prononcer, ni de bien concevoir ce qu'on leur fait dire : au lieu que, quand on les laisse aller d'eux-mêmes, ils s'exercent d'abord aux syllabes les plus faciles à prononcer. »
- « Resserrez donc le plus qu'il est possible le vocabulaire de l'enfant. C'est un très grand inconvénient qu'il ait plus de mots que d'idées, et qu'il sache dire plus de choses qu'il n'en peut penser. »
- « Les premiers développements de l'enfance se font presque tous à la fois. L'enfant apprend à parler, à manger, à marcher à peu près dans le même temps. C'est ici proprement la première époque de sa vie. Auparavant il n'est rien de plus que ce qu'il était dans le sein de sa mère ; il n'a nul sentiment, nulle idée ; à peine a-t-il des sensations ; il ne sent pas même sa propre existence. »

Livre II

- « Quand les enfants commencent à parler, ils pleurent moins. Ce progrès est naturel : un langage s'est substitué à l'autre. »

- « Tant qu'il pleure, je ne vais point à lui ; j'y cours sitôt qu'il s'est tu. Bientôt sa manière de m'appeler sera de se taire, ou tout au plus de jeter un seul cri. »
- « C'est à cet âge qu'on prend les premières leçons de courage, et que, souffrant sans effroi de légères douleurs, on apprend par degrés à supporter les grandes. »
- « Notre manie enseignante et pédantesque est toujours d'apprendre aux enfants ce qu'ils apprendraient beaucoup mieux d'eux-mêmes, et d'oublier ce que nous aurions pu seuls leur enseigner. »
- « Que faut-il donc penser de cette éducation barbare qui sacrifie le présent à un avenir incertain, qui charge un enfant de chaînes de toute espèce, et commence par le rendre misérable, pour lui préparer au loin je ne sais quel prétendu bonheur dont il est à croire qu'il ne jouira jamais ? »
- « Aimez l'enfance ; favorisez ses jeux, ses plaisirs, son aimable instinct. Qui de vous n'a pas regretté quelquefois cet âge où le rire est toujours sur les lèvres, et où l'âme est toujours en paix ? Pourquoi voulez-vous ôter à ces petits innocents la jouissance d'un temps si court qui leur échappe, et d'un bien si précieux dont ils ne sauraient abuser ? »
- « il faut considérer l'homme dans l'homme et l'enfant dans l'enfant ».
- « Le monde réel a ses bornes, le monde imaginaire est infini ; ne pouvant élargir l'un, rétrécissons l'autre ; car c'est de leur seule différence que naissent toutes les peines qui nous rendent vraiment malheureux. »
- « L'homme est très fort quand il se contente d'être ce qu'il est ; il est très faible quand il veut s'élever au-dessus de l'humanité. »
- « resserre ton existence au dedans de toi, et tu ne seras plus misérable. Reste à la place que la nature t'assigne dans la chaîne des êtres, rien ne t'en pourra faire sortir. »
- « Maintenez l'enfant dans la seule dépendance des choses, vous aurez suivi l'ordre de la nature dans le progrès de son éducation. »
- « N'accordez rien à ses désirs parce qu'il le demande, mais parce qu'il en a besoin. »
- « Il y a un excès de rigueur et un excès d'indulgence, tous deux également à éviter. Si vous laissez pâtir les enfants, vous exposez leur santé, leur vie ; vous les rendez actuellement misérables ; si vous leur épargnez avec trop de soin toute espèce de mal être, vous leur préparez de grandes misères ; vous les rendez délicats, sensibles ;

vous les sortez de leur état d'hommes dans lequel ils rentreront un jour malgré vous. »

- « la liberté que je donne à mon élève le dédommage amplement des légères incommodités auxquelles je le laisse exposé ».
- « Savez-vous quel est le plus sûr moyen de rendre votre enfant misérable ? c'est de l'accoutumer à tout obtenir. »
- « Revenons à la règle primitive. La nature a fait les enfants pour être aimés et secourus ; mais les a-t-elle faits pour être obéis et craints ? »
- « À considérer l'enfance en elle-même, y a-t-il au monde un être plus faible, plus misérable, plus à la merci de tout ce qui l'environne, qui ait si grand besoin de pitié, de soins, de protection, qu'un enfant ? »
- « votre enfant ne doit rien obtenir parce qu'il le demande, mais parce qu'il en a besoin, ni rien faire par obéissance, mais seulement par nécessité. Ainsi les mots d'obéir et de commander seront proscrits de son dictionnaire, encore plus ceux de devoir et d'obligation ; mais ceux de force, de nécessité, d'impuissance et de contrainte y doivent tenir une grande place. »
- « Le chef-d'œuvre d'une bonne éducation est de faire un homme raisonnable : et l'on prétend élever un enfant par la raison ! C'est commencer par la fin, c'est vouloir faire l'instrument de l'ouvrage. Si les enfants entendaient raison, ils n'auraient pas besoin d'être élevés. »
- « La nature veut que les enfants soient enfants avant que d'être hommes. Si nous voulons pervertir cet ordre, nous produirons des fruits précoces, qui n'auront ni maturité ni saveur, et ne tarderont pas à se corrompre ; nous aurons de jeunes docteurs et de vieux enfants. L'enfance a des manières de voir, de penser, de sentir, qui lui sont propres ; rien n'est moins sensé que d'y vouloir substituer les nôtres. »
- « Employez la force avec les enfants et la raison avec les hommes ; tel est l'ordre naturel ; le sage n'a pas besoin de lois. »
- « Traitez votre élève selon son âge. Mettez-le d'abord à sa place, et tenez l'y si bien, qu'il ne tente plus d'en sortir. Alors, avant de savoir ce que c'est que sagesse, il en pratiquera la plus importante leçon. Ne lui commandez jamais rien, quoi que ce soit au monde, absolument rien. Ne lui laissez pas même imaginer que vous prétendiez avoir aucune autorité sur lui. Qu'il sache seulement qu'il est faible et que vous êtes fort. »

- « La pire éducation est de le laisser flottant entre ses volontés et les vôtres, et de disputer sans cesse entre vous et lui à qui des deux sera le maître ; j'aimerais cent fois mieux qu'il le fût toujours. »
- « On a essayé tous les instruments, hors un, le seul précisément qui peut réussir : la liberté bien réglée. Il ne faut point se mêler d'élever un enfant quand on ne sait pas le conduire où l'on veut par les seules lois du possible et de l'impossible. »
- « les premiers mouvements de la nature sont toujours droits : il n'y a point de perversité originelle dans le cœur humain ».
- « Oserais-je exposer ici la plus grande, la plus importante, la plus utile règle de toute l'éducation ? ce n'est pas de gagner du temps, c'est d'en perdre. »
- « La première éducation doit donc être purement négative. Elle consiste, non point à enseigner la vertu ni la vérité, mais à garantir le cœur du vice et l'esprit de l'erreur. »
- « en commençant par ne rien faire, vous auriez fait un prodige d'éducation ».
- « Prenez bien le contre-pied de l'usage, et vous ferez presque toujours bien. Comme on ne veut pas faire d'un enfant un enfant, mais un docteur, les pères et les maîtres n'ont jamais assez tôt tancé, corrigé, réprimandé, flatté, menacé, promis, instruit, parlé raison. Faites mieux : soyez raisonnable, et ne raisonnez point avec votre élève, surtout pour lui faire approuver ce qui lui déplaît. »
- « observez bien votre élève avant de lui dire le premier mot ; laissez d'abord le germe de son caractère en pleine liberté de se montrer, ne le contraignez en quoi que ce puisse être, afin de le mieux voir tout entier ».
- « je veux élever Émile à la campagne, loin de la canaille des valets, les derniers des hommes après leurs maîtres ; loin des noires mœurs des villes, que le vernis dont on les couvre rend séduisantes et contagieuses pour les enfants ; au lieu que les vices des paysans, sans apprêt et dans toute leur grossièreté, sont plus propres à rebuter qu'à séduire, quand on n'a nul intérêt à les imiter ».
- « Au village, un gouverneur sera beaucoup plus maître des objets qu'il voudra présenter à l'enfant ; sa réputation, ses discours, son exemple, auront une autorité qu'ils ne sauraient avoir à la ville ; étant utile à tout le monde, chacun s'empressera de l'obliger. »

- « La première idée qu'il faut lui donner est donc moins celle de la liberté que de la propriété ; et, pour qu'il puisse avoir cette idée, il faut qu'il ait quelque chose en propre. »
- « il ne faut jamais infliger aux enfants le châtiment comme châtiment, mais qu'il doit toujours leur arriver comme une suite naturelle de leur mauvaise action ».
- « Ainsi vous ne déclamerez point contre le mensonge, vous ne les punirez point précisément pour avoir menti ; mais vous ferez que tous les mauvais effets du mensonge, comme de n'être point cru quand on dit la vérité, d'être accusé du mal qu'on n'a point fait, quoiqu'on s'en défende, se rassemblent sur leur tête quand ils ont menti. »
- « les mensonges des enfants sont tous l'ouvrage des maîtres, et que vouloir leur apprendre à dire la vérité n'est autre chose que leur apprendre à mentir ».
- « Pour nous, qui ne donnons à nos élèves que des leçons de pratique, et qui aimons mieux qu'ils soient bons que savants, nous n'exigeons point d'eux la vérité, de peur qu'ils ne la déguisent, et nous ne leur faisons rien promettre qu'ils soient tentés de ne pas tenir ».
- « Émile apprendra fort tard ce que c'est que mentir, et qu'en l'apprenant il sera fort étonné, ne pouvant concevoir à quoi peut être bon le mensonge. »
- « Quand on n'est point pressé d'instruire, on n'est point pressé d'exiger, et l'on prend son temps pour ne rien exiger qu'à propos. Alors l'enfant se forme, en ce qu'il ne se gâte point. »
- « Maîtres, laissez les simagrées, soyez vertueux et bons, que vos exemples se gravent dans la mémoire de vos élèves, en attendant qu'ils puissent entrer dans leurs cœurs. »
- « Laissez venir l'enfant : étonné du spectacle, il ne manquera pas de vous questionner. »
- « Approfondissez toutes les règles de votre éducation, vous les trouverez ainsi toutes à contresens, surtout en ce qui concerne les vertus et les mœurs. La seule leçon de morale qui convienne à l'enfance, et la plus importante à tout âge, est de ne jamais faire de mal à personne. »
- « Si votre tête conduit toujours ses bras, la sienne lui devient inutile. »
- « Comme il y a des hommes qui ne sortent jamais de l'enfance, il y en a d'autres qui, pour ainsi dire, n'y passent point, et sont hommes presque en naissant. »

- « Respectez l'enfance, et ne vous pressez point de la juger, soit en bien, soit en mal. [...] Laissez longtemps agir la nature, avant de vous mêler d'agir à sa place, de peur de contrarier ses opérations. »
- « Vous êtes alarmé de le voir consumer ses premières années à ne rien faire. Comment ! n'est-ce rien que d'être heureux ? n'est-ce rien que de sauter, jouer, courir toute la journée ? De sa vie il ne sera jamais si occupé. »
- « L'apparente facilité d'apprendre est cause de la perte des enfants. [...] les enfants, n'étant pas capables de jugement, n'ont point de véritable mémoire ».
- « Tout leur savoir est dans la sensation, rien n'a passé jusqu'à l'entendement. Leur mémoire elle-même n'est guère plus parfaite que leurs autres facultés, puisqu'il faut presque toujours qu'ils rapprennent, étant grands, les choses dont ils ont appris les mots dans l'enfance. »
- « Mes raisonnements sont moins fondés sur des principes que sur des faits ; et je crois ne pouvoir mieux vous mettre à portée d'en juger, que de vous rapporter souvent quelque exemple des observations qui me les suggèrent. »
- « Émile n'apprendra jamais rien par cœur, pas même des fables, pas même celles de la Fontaine, toutes naïves, toutes charmantes qu'elles sont ; car les mots des fables ne sont pas plus les fables que les mots de l'histoire ne sont l'histoire. »
- « Les fables peuvent instruire les hommes ; mais il faut dire la vérité nue aux enfants : sitôt qu'on la couvre d'un voile, ils ne se donnent plus la peine de le lever. »
- « La lecture est le fléau de l'enfance, et presque la seule occupation qu'on lui sait donner. À peine à douze ans Émile saura-t-il ce que c'est qu'un livre. Mais il faut bien au moins, dira-t-on, qu'il sache lire. J'en conviens : il faut qu'il sache lire quand la lecture lui est utile ; jusqu'alors elle n'est bonne qu'à l'ennuyer. »
- « Si l'on ne doit rien exiger des enfants par obéissance, il s'ensuit qu'ils ne peuvent rien apprendre dont ils ne sentent l'avantage actuel et présent, soit d'agrément, soit d'utilité ; autrement quel motif les porterait à l'apprendre ? »
- « Donnez à l'enfant ce désir [le désir d'apprendre], puis laissez là vos bureaux et vos dés, toute méthode lui sera bonne. »
- « L'intérêt présent, voilà le grand mobile, le seul qui mène sûrement et loin. »

- « Plus j'insiste sur ma méthode inactive, plus je sens les objections se renforcer. »
- « Vous l'abrutiriez, il est vrai, par cette méthode, si vous alliez toujours le dirigeant, toujours lui disant : Va, viens, reste, fais ceci, ne fais pas cela. Si votre tête conduit toujours ses bras, la sienne lui devient inutile. Mais souvenez-vous de nos conventions : si vous n'êtes qu'un pédant, ce n'est pas la peine de me lire. »
- « Jeune instituteur, je vous prêche un art difficile, c'est de gouverner sans préceptes, et de tout faire en ne faisant rien. »
- « Dans les éducations les plus soignées, le maître commande et croit gouverner : c'est en effet l'enfant qui gouverne. Il se sert de ce que vous exigez de lui pour obtenir de vous ce qu'il lui plaît ; et il sait toujours vous faire payer une heure d'assiduité par huit jours de complaisance. »
- « En le laissant ainsi maître de ses volontés, vous ne fomenterez point ses caprices. En ne faisant jamais que ce qui lui convient, il ne fera bientôt que ce qu'il doit faire. »
- « Ainsi, ne vous voyant point attentif à le contrarier, ne se défiant point de vous, n'ayant rien à vous cacher, il ne vous trompera point, il ne vous mentira point ; il se montrera tel qu'il est sans crainte ; vous pourrez l'étudier tout à votre aise, et disposer tout autour de lui les leçons que vous voulez lui donner, sans qu'il pense jamais en recevoir aucune. »
- « Le caprice des enfants n'est jamais l'ouvrage de la nature, mais d'une mauvaise discipline : c'est qu'ils ont obéi ou commandé ; et j'ai dit cent fois qu'il ne fallait ni l'un ni l'autre. »
- « On ne saurait imaginer à combien de pareils caprices le petit tyran avait asservi son malheureux gouverneur ; car l'éducation se faisait sous les yeux de la mère, qui ne souffrait pas que l'héritier fût désobéi en rien. »
- « j'enseigne à mon élève un art très long, très pénible, et que n'ont assurément pas les vôtres ; c'est celui d'être ignorant ».
- « Il est un terme de la vie au delà duquel on rétrograde en avançant. Je sens que j'ai passé ce terme. Je recommence, pour ainsi dire, une autre carrière. Le vide de l'âge mûr, qui s'est fait sentir à moi, me retrace le doux temps du premier âge. En vieillissant, je redeviens enfant, et je me rappelle plus volontiers ce que j'ai fait à dix ans qu'à trente. »

- « Conservons à l'enfant son goût primitif le plus qu'il est possible ; que sa nourriture soit commune et simple, que son palais ne se familiarise qu'à des saveurs peu relevées, et ne se forme point un goût exclusif. »
- « Au reste, quelque sorte de régime que vous donniez aux enfants, pourvu que vous ne les accoutumiez qu'à des mets communs et simples, laissez-les manger, courir et jouer tant qu'il leur plaît ; puis soyez sûrs qu'ils ne mangeront jamais trop et n'auront point d'indigestions. »
- « Chaque âge, chaque état de la vie a sa perfection convenable, sa sorte de maturité qui lui est propre. Nous avons souvent ouï parler d'un homme fait ; mais considérons un enfant fait : ce spectacle sera plus nouveau pour nous, et ne sera peut-être pas moins agréable. »
- « Quand est-ce que nous goûtons un vrai plaisir à voir un homme ? c'est quand la mémoire de ses actions nous fait rétrograder sur sa vie, et le rajeunit, pour ainsi dire, à nos yeux. Si nous sommes réduits à le considérer tel qu'il est, ou à le supposer tel qu'il sera dans sa vieillesse, l'idée de la nature déclinante efface tout notre plaisir. Il n'y en a point à voir avancer un homme à grands pas vers sa tombe, et l'image de la mort enlaidit tout. »
- « N'est-ce pas le spectacle de cet âge, un spectacle charmant et doux, de voir un joli enfant, l'œil vif et gai, l'air content et serein, la physionomie ouverte et riante, faire, en se jouant, les choses les plus sérieuses, ou profondément occupé des plus frivoles amusements ? »
- « Il est parvenu à la maturité de l'enfance, il a vécu de la vie d'un enfant, il n'a point acheté sa perfection aux dépens de son bonheur ; au contraire, ils ont concouru l'un à l'autre. En acquérant toute la raison de son âge, il a été heureux et libre autant que sa constitution lui permettait de l'être. Si la fatale faux vient moissonner en lui la fleur de nos espérances, nous n'aurons point à pleurer à la fois sa vie et sa mort, nous n'aigrirons point nos douleurs du souvenir de celles que nous lui aurons causées ; nous nous dirons : Au moins il a joui de son enfance ; nous ne lui avons rien fait perdre de ce que la nature lui avait donné. »

2. Hans Christian Andersen

- « Voilà, c'était une vraie histoire ! » (p. 44)
- « "A-t-on idée de faire croire des choses pareilles à cette enfant ? C'est de l'imagination, ce sont des stupidités !" Mais la petite Ida trouvait pourtant amusant ce que l'étudiant disait de ses fleurs, et elle réfléchit beaucoup à la question. » (p. 48)
- « C'était une enfant étrange, silencieuse et réfléchie. » [à propos de la petite sirène] (p. 56)
- « Elle n'avait pas de plus grande joie que d'entendre parler du monde d'en haut où vivent les humains. » (p. 57)
- « Lorsque vous aurez quinze ans, dit la grand-mère, vous aurez la permission de monter à la surface de la mer et de vous asseoir au clair de lune sur des rochers, pour voir passer les grands bateaux, et vous verrez des forêts et des villes. » (p. 57)
- « Aucune n'était plus impatiente que la plus jeune. » (p. 57)
- « C'est justement parce qu'elle ne pouvait pas y aller que tout cela lui faisait le plus envie. » (p. 58)
- « comme une fois qu'elles étaient devenues grandes, elles pouvaient monter quand elles le voulaient, ces choses leur devenaient indifférentes, elles aspiraient de nouveau à retrouver leur foyer ». (p. 60)
- « L'enfant ne sait pas quand nous volons au travers de la pièce, et si la joie qu'il nous inspire nous fait sourire, nos trois cent ans sont abrégés d'une année, mais si nous voyons un enfant vilain et méchant, nous sommes obligés de verser des larmes de chagrin, et chaque larme ajoute un jour à notre temps d'épreuve ! » [les esprits de l'air parlent à la petite sirène] (p. 81)
- « Tous les soldats se ressemblaient parfaitement, un seul d'entre eux était un peu différent : il n'avait qu'une jambe, car il avait été coulé dans le moule en dernier et il n'y avait pas eu assez de plomb. » (p. 89)
- « Aussitôt, les jouets commencèrent à s'amuser, ils jouèrent à recevoir des visites, à faire la guerre et à donner un bal. » (p. 90)
- « Tout à coup, l'un des petits garçons prit le soldat et le jeta dans le poêle, sans dire pourquoi il faisait cela. » (p. 93)
- « Oh ! Tout allait pour le mieux pour ces enfants, mais il ne devait pas en être ainsi pour toujours ! » (p. 95)

- « Leur père, qui était roi de tout le pays, se maria avec une méchante reine qui ne fut pas bonne du tout avec les pauvres enfants. » (p. 95) « il [le roi] ne s'intéressa plus du tout à eux ». (p. 95)
- « Quand elle eut quinze ans, il fallut qu'elle retourne chez elle et lorsque la reine vit combien elle était belle, elle fut remplie de colère et de haine à son égard. » (p. 96)
- « Il n'y avait pas de plus bel enfant de roi qu'elle dans ce monde. » (p. 99)
- « Il faisait si bon à la campagne ! C'était l'été. Les blés étaient jaunes, l'avoine verte, le foin avait été ramassé en tas dans les vertes prairies, et la cigogne se promenait sur ses longues pattes rouges en parlant l'égyptien, car c'est cette langue-là qu'elle avait apprise de sa mère. » (p. 127)
- « Ils ressemblent tous à leur père, cette canaille qui ne vient même pas me voir. » (p. 128)
- « Le pauvre petit canard n'allait vraiment pas bien. » (p. 135)
- « Il se sentait vraiment heureux d'être passé par toutes les détresses et les adversités qu'il avait connues. Il appréciait maintenant son bonheur et toute la splendeur qui l'accueillait. » (p. 137)
- « Mais le petit sapin était pressé de pousser. » (p. 139)
- « "Voilà la vie qui recommence !" pensa l'arbre. Il sentait l'air frais, le premier rayon de soleil, et il était maintenant dans la cour. » (p. 148)
- « Maintenant je vais vivre ! pensa-t-il, en débordant de joie, et il déploya largement ses branches. Hélas, elles étaient toutes sèches et jaunies. » (p. 148)
- « Fini ! Fini ! dit le pauvre arbre. Si seulement je m'étais réjoui quand je le pouvais ! » (p. 148)
- « il y avait deux enfants pauvres qui possédaient un jardin un peu plus grand qu'un pot de fleurs. Ils n'étaient pas frère et sœur mais s'aimaient autant que s'ils l'avaient été. » (p. 153)
- « Et les enfants se tenaient par la main, donnaient des baisers aux roses et plongeaient le regard dans la clarté du soleil de Dieu et lui parlaient comme si l'Enfant Jésus avait été là. Comme elles étaient belles, ces journées d'été, comme il faisait bon dehors près des rosiers vivaces qui semblaient ne jamais vouloir s'arrêter de fleurir ! » (p. 155)
- « Lorsqu'elle [Gerda] vint plus tard avec le livre d'images, il [Kay] dit que c'était bon pour les bébés, et quand la grand-mère racontait des

histoires, il trouvait toujours à redire ; quand il le pouvait, il marchait derrière elle, mettait des lunettes et parlait comme elle. » (p. 156)

- « il [Kay] trouva alors qu'il n'en savait pourtant pas assez, et il leva les yeux vers l'espace aux dimensions si grandes, si grandes, et elle s'envola avec lui, s'envola bien haut sur le nuage noir [...] lorsque le jour fut venu, il dormait aux pieds de la Reine des Neiges ». (p. 159)
- « J'ai longtemps désiré avoir une gentille petite fille comme toi, dit la vieille. [...] la vieille femme savait exercer la magie, mais ce n'était pas une méchante magicienne, elle faisait seulement un peu de magie pour son plaisir personnel, et voilà qu'elle voulait garder la petite Gerda. » (p. 162)
- « Elle venait d'être mordue à l'oreille par sa propre petite fille qui était suspendue dans son dos et qui était si sauvage et si mal élevée que c'était un plaisir. » (p. 176)
- « elle voulait absolument qu'on cède à son caprice, car elle était gâtée et entêtée ». (p. 176)
- « La grand-mère était assise sous les rayons vifs du soleil de Dieu et elle lisait à haute voix dans la Bible : « Si vous ne devenez pas comme des enfants, vous n'entrerez pas dans le royaume de Dieu. » [...] Ils étaient assis là, tous deux, adultes et cependant enfants, enfants par le cœur, et c'était l'été, l'été chaud et béni. » (p. 188)
- « Je crois que je vais te demander, dit-elle, de partir avec moi dans le vaste monde, car nous ne pouvons pas rester ici ». (p. 190)
- « C'est beaucoup trop ! dit-elle. Je ne peux pas supporter cela ! Le monde est beaucoup trop grand ! Que ne suis-je encore sur la petite console sous la glace ! » (p. 193)
- « une petite fille pauvre marchait dans la rue, la tête et les pieds nus. » (p. 213)
- « Elle avait faim, elle était transie, elle avait l'air pitoyable, la pauvre petite ! » (p. 214)
- « Puis vint un jour de confirmation, le pasteur avait fait un beau sermon émouvant, les communiants avaient été vivement émus, c'était un jour important pour eux, d'enfants qu'ils étaient, ils devenaient adultes, leur âme d'enfant devait passer en quelque sorte dans une personne plus raisonnable. » (p. 222-223)
- « mon père m'a légué la meilleure part de sa succession : j'ai hérité d'un caractère gai ». (p. 231)

- « Ces petits pauvres, comme ils jouent joyeusement ! » (p. 257)
- « Joue, petite fille ! Bientôt viendront les années… eh oui ! Ces années bienheureuses où les premiers communiants se promènent main dans la main. […] Et les années passent, il y a beaucoup de jours sombres, mais tu restes jeune de cœur, et tu te fais un ami, sans le savoir ! […] Depuis Vartou, derrière la balsamine, tu regardes les enfants jouer, tu vois ton histoire se répéter. Et c'est justement le drame de toute sa vie qui défile à l'esprit de la vieille fille. » (p. 258)
- « Ta mère n'est bonne à rien ! Il a peut-être raison, mais il ne devrait pas le dire à son enfant ! » (p. 263)
- « Et pourtant, leur bonheur pouvait s'élever d'un degré supplémentaire, mais pour cela, il fallait que Dieu leur accorde un enfant, un fils qui leur ressemblerait selon le corps et l'âme. » (p. 285)
- « L'enfance a pour tout le monde ses moments lumineux qui, par la suite, illuminent toute la vie. » (p. 294)
- « Il arrivait curieusement à exprimer ses pensées en les sculptant dans un morceau de bois, disait sa mère adoptive, et le garçon était pourtant encore petit. » (p. 295)
- « Il avait l'impression d'entrer tout droit dans le pays des contes et c'était pourtant la réalité ! » (p. 299)
- « C'était la première fois que cet habitant des dunes voyait une grande ville. Comme les maisons étaient hautes, les rues étroites, grouillantes de monde ! » (p. 301)
- « J'aimerais tellement changer de place ! » (p. 328)
- « je souhaite simplement pouvoir arriver un jour jusqu'à la margelle du puits pour regarder à l'extérieur. C'est certainement charmant ! » (p. 340)
- « Il y a tant de créatures différentes que je ne connais pas ! Et comme le monde est grand et merveilleux ! » (p. 343)
- « Ne demande pas au naturaliste, demande plutôt au poète. Il te racontera cela sous forme de conte, et il y a la chenille dedans, et il y a la famille de cigognes dedans. Imagine donc ! […] et ce sera le plus beau conte, car nous serons nous-mêmes dedans ! » (p. 347)
- « Notre-Seigneur envoie le petit enfant et le met dans le sein d'une mère […] Notre-Seigneur, en même temps qu'il apporte l'enfant, lui apporte aussi en cadeau un porte-bonheur, mais il ne le met pas à côté de lui, au vu et au su de tous, il le met à un endroit dans le

monde où on s'attend le moins à le trouver, et pourtant on le trouve toujours. » (p. 355)

- « Si tu ne connais pas cette histoire, demande à ceux qui la connaissent de te la raconter. » (p. 355)
- « Ils lisent ces histoires, et je suis près d'eux, au milieu de la pièce, mais invisible, car j'ai le bout de bois blanc dans la bouche. Si je sens que ce que je raconte les rend heureux, alors, moi aussi, je dis : "Le bonheur peut se trouver dans un bout de bois !" » (p. 357-358)
- « Et elle pensait aux deux enfants aussi heureux l'un que l'autre, l'un éclairé par une bougie de cire, l'autre par une chandelle de suif ! Voilà, c'est toute l'histoire ! » (p. 362)
- « Jamais son monde ne lui était apparu aussi grand. » (p. 366)
- « Voilà, c'est l'histoire du "jardinier et de ses maîtres". Maintenant, tu peux y réfléchir ! » (p. 383)
- « Tout de même, les enfants sont une bénédiction de Dieu. Ils sont la joie de la maison. Chaque enfant est un Notre-père de plus ! » (p. 387)
- « Il s'asseyait déjà sur la table, comme un tailleur. Il sifflait et chantait. C'était un garçon gai. » (p. 388)
- « Elle était d'une famille encore plus pauvre que Rasmus. Elle n'était pas jolie, elle marchait nu-pieds, ses habits étaient en lambeaux, elle n'avait personne pour les ravauder, et l'idée ne lui venait pas de le faire elle-même. C'était une enfant, et elle était aussi gaie qu'un pinson aux rayons du soleil de Notre-Seigneur. » (p. 389)
- « C'est ainsi qu'il finit par sombrer dans la mélancolie. Il tenait plus de son père que de sa mère. » (p. 394)
- « Mais pense tout de même à ta mère et à ton enfance ! Tu étais à l'époque un garçon gentil et pieux. » (p. 401)
- « Si tu ne la comprends pas, adresse-toi à la vieille Johanne, à l'hospice. Elle sait raconter le temps passé, les souvenirs qui sifflent dans le vieil arbre. » (p. 402)
- « La femme du chambellan voyait dans la franchise avec laquelle elle manifestait à tout instant sa grande ignorance quelque chose d'enfantin, d'innocent. » (p. 412)
- « Ils voulaient rendre tous les gens aussi heureux qu'eux. [...] Les enfants pauvres de la paroisse étaient invités, chacun accompagné de sa mère. » (p. 416)

- « C'était un garçon très éveillé qui aimait lire, mais qui prenait aussi le temps de travailler, tant qu'il pouvait se rendre utile, lui qui devait toujours rester au lit. » (p. 418)
- « C'était un livre de contes qu'on lui avait donné. Il y avait beaucoup à lire dedans, beaucoup de sujets de réflexion. » (p. 419)
- « "Relis-nous l'histoire du bûcheron !" dit Ole, l'aide-jardinier. [...] "Je veux entendre celle que je connais !" Et ils l'entendirent une nouvelle fois, lui et sa femme. Plus d'une fois, ils revinrent à cette histoire. » (p. 421)
- « Ces deux histoires suffirent à Ole pour le reste de ses jours. C'étaient comme deux rayons de soleil qui avaient pénétré dans la pauvre chaumière, pénétré dans la pensée rabougrie qui les rendait renfrognés et amers. » (p. 423)
- « Hans avait lu tout le livre, de nombreuses fois. Les contes l'emmenaient de par le monde, là où il ne pouvait pas aller, parce que ses jambes ne le portaient pas. » (p. 423)
- « Notre-Seigneur pense aussi aux enfants des pauvres ! C'est justement avec l'invalide qu'on a pu le voir ! Ne dirait-on pas que Hans a été capable de nous lire cela dans le livre de contes ? » (p. 427)
- « D'où nous tenons cette histoire ? Veux-tu le savoir ? » (p. 429)
- « Tante fut complètement stupéfaite par mon imagination, et elle dit : "Cet enfant deviendra un grand poète !" » (p. 433)

3. Wole Soyinka

I

- « Car c'était à l'École du Dimanche que l'on racontait les vraies histoires, les histoires qui vivaient dans les événements eux-mêmes, franchissaient les limites des dimanches et des pages de la Bible pour entrer dans l'univers des pays, des femmes et des hommes fabuleux. »
- « Il est arrivé malheur à la mission d'Aké. Le sol s'est érodé, les pelouses se sont dénudées et le mystère a été chassé des hauteurs autrefois si secrètes. »
- « Il était clair que seul le grenadier pouvait être le pommier qui avait fait perdre à Adam et Ève les joies du paradis. »

- « Les maisons qui survivent, et qui formaient les remparts de la mission d'Aké, ne sont plus que des caisses d'emballage sur un paysage affaissé, plein de fissures, mis à nu, sans force. »
- « L'Évêché de la Mission d'en Haut n'est plus. »
- « les évêques, une fois morts, rejoignaient le monde des esprits et des fantômes ».
- « Pourtant, même Sanya avait cessé de s'aventurer dans la forêt la nuit, reconnaissant que c'était beaucoup trop risqué ; pendant la journée et au début de la soirée il n'y avait guère de danger puisque la plupart des esprits des bois ne sortaient que la nuit. »
- « La présence de Pa Delumo me remplissait d'effroi. »
- « Quant à mon père, évidemment, je le tenais pratiquement pour invulnérable. »
- « Il me semblait que Bukola faisait partie des habitants de cet autre monde où la voix était prise, démêlée, retissée et renvoyée en coupons de plus en plus réduits. »
- « C'est ce que je dis toujours à mes parents : je vais partir, je vais partir si vous ne faites pas ça et ça. S'ils refusent, je m'évanouis. »
- « Je me suis parfois demandé si M. B. ne se réfugiait pas chez nous pour échapper à la tyrannie de cette enfant. »

II

- « Je n'entendais jamais chanter avec tant de cœur dans l'autre école. »
- « Un jour j'annonçai : "Je vais à l'école". Cela devint une plaisanterie que l'on se répétait, provoquant aussitôt de gros rires. »
- « Ma compagne de jeux de naguère était entrée dans un monde nouveau, et bien que nous continuions à jouer ensemble, elle avait maintenant une nouvelle base à sa disposition. »
- « J'ai presque trois ans. En tout cas je viens à l'école. J'ai des livres. »
- « Je le regardai avec stupéfaction. Ne pas avoir envie d'aller à l'école ! »
- « Je ne voyais plus Osiki mais… la Vitesse, la Rapidité ! C'était la première fois que je réfléchissais au phénomène de la rapidité humaine, et la traversée de la cour par Osiki ressemblait fort à de la magie. »
- « je me dis qu'il y avait du bon dans les anniversaires et je me mis à penser au mien avec impatience. Ma seule inquiétude maintenant était de savoir si je serais suffisamment rétabli pour aller à l'école et inviter tous mes amis. »

- « En fait l'Anniversaire fut exactement ce que j'attendais qu'il fût, une fois qu'il eut dépassé ses petites limites décevantes, à savoir qu'il ne venait pas tout seul et qu'il fallait lui rappeler de venir. »
- « Je le vis en imagination et ce spectacle amena un sourire sur mon visage. »

III

- « Je ne savais pas encore grimper à l'échelle tout seul, mais je savais déjà où elle se trouvait. […] pour la première fois, je pus regarder par-dessus le mur de notre cour ».
- « J'avais compris que pour voir les choses beaucoup mieux il suffisait de sortir et de regarder. »
- « Cela dérangeait l'idée que je m'étais faite des étroites relations entre la mission et Aké. Je m'attendais à trouver le mur partout […] Il n'en était rien. »
- « En voyant un loueur de vélos occupé à réparer une chambre à air je me promis d'apprendre à monter à bicyclette. »
- « Une ou deux fois je me demandai vraiment su je ne me laissais pas entraîner trop loin de la maison. Mais je me rassurai en constatant qu'une partie au moins de ce que je voyais de la ville restait conforme à l'idée que je m'en faisais : les maisons restaient attachées les unes aux autres. »
- « il paraissait impossible qu'il existât tant de *choses* au monde ! »
- « Dans son domaine, le boucher était un personnage tout aussi magique que le tambour-major qui jonglait avec son bâton. »
- « Était-ce là les sorcières dont on entendait tant parler ? Je n'avais encore jamais vu de poitrines aussi plates, aussi peu humaines. »
- « cela promettait d'être une aventure ».
- « Alors je fis une découverte : j'étais seul. […] je m'aperçus tout bonnement que je ne savais pas où j'étais ».
- « Tout au fond de moi, tandis que je m'asseyais devant le plus énorme petit-déjeuner qu'il m'eût été donné de contempler, j'avais le vague sentiment d'avoir été la cause de toute l'émotion de la veille et d'être maintenant tout différent de ce que j'étais avant le défilé. »

IV

- « Nubi ne voulait pas céder. Avec Joseph c'eût été autre chose. »
- « Il y a des choses qu'on ne peut pas t'apprendre à l'école. »
- « Non, ils n'avaient pas compris ; j'étais sûr, comme à l'ordinaire, d'avoir trouvé la faille dans leur raisonnement. »
- « Mais mon chéri, es-tu sûr qu'il peut comprendre toutes ces discussions que tu lui accordes ? »
- « Tu ne devrais pas trop l'encourager, mon chéri. Il est trop raisonneur. »
- « je remarquais que Dieu avait l'habitude soit de ne pas répondre du tout aux prières qu'on lui faisait, soit de ne pas y répondre franchement ».

V

- « Même le baobab a perdu de sa taille avec le temps ; et pourtant j'avais cru que ce rempart serait éternel, échapperait aux perspectives élargies d'une enfance disparue. »
- « c'était mon rocher, mon rocher à moi. [...] Jonas était ma demeure personnelle et privée. »
- « Cela ne semblait pas totalement incroyable, mais cela appartenait à un monde de fables, de fantaisies, celui de la lampe d'Aladin et du Sésame, ouvre-toi. »
- « Isara était une demeure d'un autre genre, à plusieurs pas en arrière dans le passé. Le temps baignait tous les recoins, la patine des ancêtres brillait sur tous les objets, sur tous les visages. »
- « Isara était plein de gâteries imprévues. »
- « L'un de ces travaux spéciaux, que j'avais choisi moi-même et qui me plaisait beaucoup, consistait à m'occuper du jardin d'Essay. »

VI

- « Chrétienne Sauvage, appuyée tacitement par son mari, aimait plus que personne collectionner les petits abandonnés. »
- « J'avais déjà puisé dans leur trésor, laissant Essay lui-même stupéfait devant ma fringale de lecture ; et pourtant lui aussi ignorait jusqu'à

quelles profondeurs j'avais fouillé dans sa bibliothèque. [...] La moitié de mon heure de travail se passait à dévorer les rayons. »

- « Papa et moi nous appartenions à un monde à part. »
- « Au profond de moi-même, je sentais que j'allais vers un terrible châtiment. Je n'arrivais pas à préciser comment je l'avais mérité ni ce qu'il fallait faire pour l'éviter. »
- « Tu grandis, tu sais. »
- « En fait, il m'en a raconté deux de plus, mais je me suis endormi au milieu de la dernière. »
- « Je vais changer, man. Avec l'aide de Dieu, je promets de changer. »
- « C'est son père qui est trop patient. Moi, je l'assommerais au moment même où il ouvrirait la bouche et il verrait que je ne plaisante pas. »
- « Je m'étais pris de passion pour cette friandise poudreuse au goût le plus exquis, douce, fondante, légère à la langue. »

VII

- « Tous les êtres humains avec lesquels nous entrions en contact, Tinu et moi, changeaient ! »
- « J'espérais que moi-même un jour je pousserais et deviendrais grand comme mon père, mais je n'étais pas du tout pressé. »
- « Soudain tout se brisa en moi. Une force venue de nulle part me poussa contre le lit et je me mis à hurler. [...] Les larmes m'avaient envahi, je me sentais aspiré vers un lieu de malheur dont la cause et les limites demeuraient insaisissables. »
- « Mais qu'est-ce qu'il peut comprendre ? Qu'est-ce qu'il peut comprendre ? »
- « Il a toujours été porté à rêvasser. [...] Il faut le sortir de lui-même. » [Chrétienne Sauvage à propos de Wole]
- « S'esquisser et aller se cacher dans un coin tout seul pour lire, lire et lire, c'est tout ce qu'il sait faire. Il fait semblant de s'occuper avec des livres parce qu'il est incapable de faire quoi que ce soit d'autre. »
- « Quand on le touche il se met à pleurer comme si tout le monde voulait le battre. »
- « il n'y avait ni justice ni logique dans le monde des adultes ».
- « elle [Chrétienne Sauvage] me fit mettre à genoux et prier avec elle. Puis elle me parla : des avertissements sur les dangers qu'il y avait à

laisser le diable s'introduire entre soi et l'amour et le souci naturel du reste de la famille. Il était facile de se laisser posséder par le diable. »

- « Nous adorions Dipo, Tinu et moi. Son énergie et son humour étaient pour nous un divertissement perpétuel. »
- « Il y avait longtemps que je ne croyais plus à l'efficacité des prières de Chrétienne Sauvage. »

VIII

- « Nous appuyions sur le bouton et la pièce était inondée de lumière. [...] Il [le père, Essay] faisait semblant de croire que c'était de la magie. »
- « Maintenant les ouvriers étaient en train de poser un nouveau fil sur les murs et nous nous demandions quelle nouvelle magie allait se produire. »
- « Les Nouvelles devinrent bientôt un objet d'adoration pour Essay et un certain nombre de ses amis. »
- « Maintenant sans qu'on le leur eût demandé, des voix chantaient dans la nouvelle boîte. »
- « Quant à Dipo, dès le lendemain, il était redevenu aussi diable et aussi turbulent que jamais. »

IX

- « Il était entendu à Isara que les enfants du Directeur ne se prosternaient pas pour saluer ; notre chaperon y veillait toujours. »
- « Je ressentais à nouveau l'exultation de me voir l'objet d'une protection spéciale. »
- « ils ont peur de me toucher parce que je suis le fils du Directeur ».
- « Ayo [Essay] ne croit pas qu'il faille laisser les enfants mûrir dans leur corps avant de forcer leur esprit. »
- « si tu réussis l'examen du Lycée National, tu vas quitter ta famille et vivre dans un internat. Pour la première fois de ta vie, tu seras tout seul, loin de tes parents, et tu n'auras que neuf ans et demi. »
- « Ayo [Essay] est comme ça, plein d'ambition pour toi. Il veut envoyer son fils à la bataille, et, crois-moi, le monde des livres est un champ de bataille. »

- « Le monde est plus vaste que le monde des chrétiens, ou que le monde des livres. »
- « Wole, tu as été fort. Tu t'es comporté comme un vrai Akin [homme]. »
- « n'évite jamais le combat. [...] La première fois, la deuxième fois, ne t'en fais pas s'il te bat. Mais reviens. Tu finiras par lui faire honte : ou bien tu le rosseras ou bien il se sauvera. »
- « tandis que je me levais, je me sentis sourire largement, car j'étais sûr que Père ne croyait pas que je le comprendrais ».

X

- « Je chantais pour me donner du courage face aux dangers de l'obscurité, aux silhouettes qui y glissaient et qui, à ma connaissance, auraient pu être des esprits ou des voleurs d'enfants. »
- « La Maison du centenaire accueillait un cortège ininterrompu de magiciens qui, invariablement, avaient été "formés aux Indes". »
- « Pourtant finalement le haut fait s'accomplit, les yeux du volontaire prirent un aspect vitreux et le Docteur vint s'immobiliser triomphant devant la forme inerte. [...] Quelques spectateurs s'enfuirent, d'autres se couvrirent les yeux et se mirent à hurler. Quant à moi, je demeurai bouche bée d'horreur, incapable d'admettre qu'une soirée de magie fût sur le point de s'achever de façon si violente. »
- « Le soir, les arômes du marché s'élevaient librement, nous invitant à nous soulager des onini [pièces] et des sous que nous avions réussi à économiser au cours de la semaine. »
- « Les enfants s'approchèrent, éparpillèrent son feu, jetèrent les hardes et les boîtes en carton qui restaient dans les buissons où se trouvait autrefois sa cabane. [...] Il ne fallait pas plus d'une semaine pour que Aké eût totalement oublié la folle enceinte, Sorowanke. »

XI

- « Ni l'un ni l'autre ne punissaient plus nos petits délits et ceux-ci à leur tour diminuaient, si bien qu'il n'y avait vraiment plus rien à nous reprocher. »

- « Et pourtant je comprenais à peine. Pas même lorsque, sans qu'il [Essay] me vît, je le rencontrais parmi ses fleurs, le regard perdu de plus en plus dans les lointains. »
- « Je promis de viser la bourse. Cela semblait si important pour lui, et soudain je fus saisi par le sentiment que j'étais en train d'accomplir une importante transition, à cause d'une promesse qui me liait éternellement. »
- « les choses ne se passent pas toujours comme nous l'avons prévu. Il y a beaucoup de déceptions dans la vie [...] tu ne dois pas te laisser accabler par l'inattendu. [...] Tu es l'homme de la famille, n'oublie pas que les autres te respecteront. »
- « j'acceptai le nouvel ordre comme allant de soi, avec peut-être un sentiment de gratitude à l'endroit d'une Force invisible qui nous avait délivrés d'une Menace entrevue mais demeurée sans nom ».

XII

- « j'étais maintenant beaucoup moins enclin à la rêverie et je réagissais avec un certain enthousiasme à un environnement bruyant ».
- « Le L. A. était à juste titre considéré comme une école d'aguerrissement, comme un terrain d'entraînement, pour apprendre à survivre. »
- « Mais le grand scandale, ce fut lorsqu'un élève de terminale, un responsable de section, fit un enfant à une jeune fille. »
- « Il choisit la correction publique, devant le lycée réuni au grand complet. [...] c'était une sérieuse humiliation ».
- « Et alors un tonnerre d'applaudissements ébranla le plafond de la grande salle des rassemblements. »
- « Idiots, effrontés incorrigibles, vous croyez vraiment que cela mérite des applaudissements ? [...] Vous devez avoir l'âme totalement corrompue. »
- « Et je fis un pas en avant. [...] Je me permis d'entendre que le décompte, non les coups eux-mêmes. Ce fut vite fini. Je me redressai et me rappelai juste à temps : « Merci, monsieur le Proviseur » [...] Moins d'une semaine plus tard il avait repris sa place dans mon admiration. »

- « Iku défiait constamment la mort dans le choix de ses itinéraires pour ses expéditions nocturnes, dont chacune aurait pu se terminer par une jambe cassée. Il avait l'air sûr de lui. »
- « Depuis longtemps les professeurs avaient renoncé à sévir contre lui et ils le laissaient faire pratiquement tout ce qu'il voulait. »
- « elles étaient également préoccupées par le problème des enfants mourant en bas âge : comment amener les femmes à fréquenter davantage les centres de protection maternelle et infantile, à moins faire confiance aux médicaments choisis au hasard ».

XIII

- « À cause de ces petites choses que nous avons apprises ensemble, ces bons à rien d'enfants ne rentrent plus à la maison en mentant, en disant qu'ils sont premiers en classe alors que tout ce qu'ils ont fait, c'est l'école buissonnière, et qu'ils ont eu un zéro tout rond comme l'œil d'un poisson. [...] Lorsque le bulletin arrive à la maison, même si certaines de nos femmes ne peuvent pas tout lire, elles peuvent en lire assez sur le bulletin pour savoir si cet enfant est en train de gaspiller leur argent. »
- « Je ne cherchais plus à éviter le travail de la boutique ; en fait, on ne pouvait plus m'en arracher. »
- « ils ne savent pas former le caractère. Le caractère qu'il faut. » [Daodu à propos des Blancs]

XIV

- « Elles ne cessaient de presser Chrétienne Sauvage de me nourrir convenablement pour que je grandisse plus vite, que je les rattrape et que je puisse continuer leurs leçons dans la sécurité d'un foyer conjugal. »
- « Sans doute êtes-vous né, mais vous n'avez pas été élevé. Parleriez-vous à votre mère sur ce ton ? » [Mme Kuti au District officer blanc]

XV

- « pour lui [Essay], mettre des chaussures aux enfants, c'était le moyen infaillible de les gâter ».
- « Avec eux, je n'avais jamais besoin de poser beaucoup de questions. Ils étaient toujours prêts à me parler, à tout enfant qui le souhaitait d'ailleurs, comme ils le faisaient avec les adultes. »
- « Il faut que tu t'intéresses à ces choses. Ne te contente pas de fourrer le nez dans ce livre mort que tu es en train de lire. »
- « Le moment était venu d'entreprendre les mutations mentales nécessaires pour accéder à un nouvel univers d'adultes irrationnels et à leur discipline. » [fin du livre]

82394 – (I) – OSB 80° – BPE – BTT

JOUVE-PRINT
733, rue Saint-Léonard, 53 100 MAYENNE
OF : 2964387G
Dépôt légal : juin 2021

Imprimé en France